Camille Paglia

Die Vögel

**Der Filmklassiker
von Alfred Hitchcock**

Europa Verlag Hamburg / Wien

 **Filmbibliothek**
Herausgegeben von Andreas C. Knigge

Die Deutsche Bibliothek – CIP-Einheitsaufnahme

Ein Titeldatensatz für diese Publikation ist bei
Der Deutschen Bibliothek erhältlich

© 1998 by Camille Paglia
First published in English by the British Film Institute
Aus dem Amerikanischen von Karlheinz Dürr
Fotos © Universal Pictures / Filmbild Fundus Robert Fischer
© für die deutsche Ausgabe
Europa Verlag GmbH Hamburg / Wien, August 2000
Redaktion: Sybil Volks, Lektorat Text + Stil, Hamburg
Umschlaggestaltung: Kathrin Steigerwald, Hamburg
Layout und Herstellung: Ulrike Theilig | Das Herstellungsbüro
Druck: Clausen & Bosse, Leck
ISBN 3-203-84107-X

Für Informationen über unser Programm schreiben Sie an:
Europa Verlag, Neuer Wall 10, 20354 Hamburg

Inhalt

Die Vögel

1 Echte und künstliche, stille und schräge Vögel   7
2 Melanie als Liebesbotin und Fallenstellerin in Bodega Bay   30
3 Die Heldin wird gerupft   56
4 Die Vögel greifen an! – Laune der Natur oder Vorspiel zum Weltuntergang?   77
5 Psychodrama der weiblichen Macht: Gefangenschaft und Zähmung   110
6 Hitch, Hedren, Löwen und letzte Worte   130

Melanie Daniels' Kalender   134

Produktionsdaten und Mitwirkende   137

Literatur   138

Anmerkungen   139

Die Vögel

1 | Echte und künstliche, stille und schräge Vögel

In seinem technisch aufwendigsten Film *Die Vögel* (*The Birds*, 1963) beschäftigt sich Alfred Hitchcock direkt mit dem Thema der Natur als einer zerstörerischen und räuberischen Kraft, das seiner Faszination für das Verbrechen schon immer zugrunde lag. Federico Fellini nannte den Film ein »apokalyptisches Gedicht«.[1] Ich selbst glaube, dass der Film die Tradition der britischen Romantik fortführt, vor allem jene Richtung, die sich aus den Naturtableaus und düsteren Femmes fatales des englischen Dichters und Literaturkritikers Coleridge herleitet. Als Teenager war ich leicht zu beeindrucken, und als ich den Film zum ersten Mal sah, war ich davon einfach überwältigt. Heute halte ich ihn für eine geradezu perverse Ode an die sexuelle Anziehungskraft der Frau, die Hitchcock in all ihren verführerischen Varianten zeigt, von spröder Durchtriebenheit bis hin zu rührender Verletzlichkeit.

Für die amerikanische Nachkriegsgeneration, der ich angehöre, war Hitchcock nicht nur durch seine Filme, sondern auch auf Grund seiner Fernsehshow *Alfred Hitchcock Presents* eine sehr einflussreiche Persönlichkeit. Die Premiere fand 1955 statt, und die Show lief zehn Jahre lang. Hitchcocks düstere britische Förmlichkeit, sein beißender Sarkasmus (vor dem nicht einmal die kommerziellen Sponsoren der Show sicher waren) und seine makabren, selbstironischen Scherze waren originelle Lichtblicke in der damals vorherrschenden kulturellen Banalität, die sich in Idealtypen wie Doris Day und Debbie Reynolds verkörperte. Da Hitchcock überall präsent war, glaubten wir ihn gut zu kennen, und nach dem aufwühlenden und schockierenden Film

Psycho (*Psycho*, 1960) konnten wir uns lebhaft vorstellen, dass Hitchcock auch in Wirklichkeit so makaber und genial war wie dieser Film.

Bis ich den Film *Die Vögel* zu sehen bekam, war mir Hitchcock als Regisseur nur durch *Psycho* bekannt, wenn man von einer technisch miserablen Schulvorführung von *Der unsichtbare Dritte* (*North by Northwest,* 1959) absah. Die Uraufführung von *Die Vögel* fand drei Jahre nach dem Kinostart von *Psycho* statt. Die Filmkritiker behandelten die Hauptdarstellerin Tippi Hedren ausgesprochen unfreundlich. Hedren war von Hitchcock entdeckt worden und gab in diesem Film ihr Debüt. Im Rückblick wurde mir klar, dass sich die älteren Zuschauer an eine Galaxie von Hitchcock-Stars gewöhnt hatten, darunter Ingrid Bergman und Grace Kelly, deren empfindsamer Stil in eine etwas frühere Zeit gehörte. Auf Grund ihrer Leistung in *Die Vögel* und im darauf folgenden, ausgesprochen spannenden Film *Marnie* (*Marnie,* 1964), die ich beide in leuchtenden Farben und in kommerziellen Kinos mit Breitleinwand zu sehen bekam, war und bleibt Tippi Hedren für mich die ideale Hitchcock-Filmheldin.

Gefangenschaft und Zähmung

Über Jahrzehnte hinweg habe ich *Die Vögel* immer wieder im Spätprogramm angeschaut. Dabei entdeckte ich zwei Schlüsselthemen: Gefangenschaft und Zähmung. In diesem Film, wie auch in vielen anderen, stellt Hitchcock die Frau als bezauberndes, aber gefährliches Wesen dar. Sie verlockt von Natur aus, aber sie ist auch die listige Schlange der Zivilisation, die sich nach Belieben in vielfältige Persönlichkeiten verwandeln kann und deren Lächeln allein schon einen Abgrund der Täuschung darstellt. Für Hitchcock, der ein ausgeprägtes Gespür für Architektur hatte, ist das Haus in historischer Perspektive sowohl ein sicherer Hafen als auch eine vom Weib aufgestellte Falle. Als sich die Nomaden vor zehntausend Jahren an festen Wohnsitzen niederließen, zähmten sie Tiere und machten sie zu dienstbaren Lebewesen. Aber gezähmt wurde auch der Nomadenmann, denn er fiel unter die durch den Hausbau verstärkte Kontrolle der Frau. *Die Vögel* zeichnet die Wiederkehr des Unterdrückten nach

– primitive Triebe wie sexuelle Begierden werden freigesetzt, die bisher zwar unterdrückt, aber niemals völlig gebändigt worden waren. Hitchcocks intensive persönliche Beschäftigung mit diesen beunruhigenden Themen führte dazu, dass der Film mit einer fast fanatischen Detailbesessenheit ausgearbeitet wurde, die in seinem übrigen Werk wohl einzigartig dasteht. Je mikroskopisch genauer man sich mit diesem Film befasst, desto mehr enthüllt er.

Die ursprüngliche Idee zu *Die Vögel* stammte aus der gleichnamigen Kurzgeschichte von Daphne du Maurier (1952), die in einer Sammlung von Kurzgeschichten unter dem Titel *Alfred Hitchcock Presents* nachgedruckt worden war. Schon zwei frühere Filme Hitchcocks hatten auf Erzählungen von du Maurier beruht: *Riffpiraten* (*Jamaica Inn*, 1939) war ein recht schwerfälliger Piratenfilm, der Hitchcocks selbst eingestandenen Mangel an Gespür für historische Themen bestätigte.² Aus dem Roman *Rebecca* hingegen machte er ein aufwühlendes Meisterwerk (*Rebecca*, 1940), ein Melodram, mit dem seine Hollywood-Ära begann. Du Mauriers Erzählung »The Birds« spielt am selben Schauplatz wie *Riffpiraten* – an der kalten, vom Wind umtosten Felsenküste von Cornwall. Obwohl darin kein gruselig-gotisches Herrenhaus vorkommt, erinnern die öde Atmosphäre und das erbarmungslose Wetter an die großen Romane der Schwestern Brontë, in deren literarischer Tradition auch *Rebecca* steht.

Daphne du Maurier

Zeigte schon *Vertigo* (*Vertigo*, 1958) Straßenszenen von San Francisco in unheimlich wirkendem Sonnenlicht, so gelingt es Hitchcock auch in *Die Vögel*, mit gedämpft leuchtendem und doch intensivem Technicolor Furcht und Schrecken in eigenartig-stimmungsvolle Schönheit umzukehren. Im Gegensatz dazu hat du Maurier ihre aufwühlende Geschichte gewissermaßen in hartem Schwarz-Weiß verfasst: Ihre Hauptperson ist ein Kriegsveteran, der von einer Invalidenrente lebt und sich abmüht, seine Bauernfamilie mit Gelegenheitsarbeiten durchzubringen. Vielleicht klingt hier ein Echo aus »The Fox« von D. H. Lawrence an, in dem die Bewohnerinnen eines Gehöfts gegen die erbar-

Melanie Daniels (Tippi Hedren) trifft mit zwei »Liebesvögeln«, Sperlingspapageien, in Bodega Bay ein

mungslosen Elemente des Nordens kämpfen. Der bärbeißige, proletarische Nat Hocken in du Mauriers Vorlage – der in Hitchcocks Version in den draufgängerischen, weltgewandten Rechtsanwalt Mitchell Brenner aus San Francisco verwandelt wird – ist eine bedrückend vereinsamte Person. Hocken allein scheint die Zeichensprache der Vögel richtig deuten zu können, als sie sich in großen Scharen versammeln, denn wie ein Druide aus alter Zeit hat er ein Gespür für Störungen der Natur.

Im Drehbuch, das wie gewöhnlich unter aktiver Beteiligung Hitchcocks geschrieben wurde, wird Hockens antagonistisches Verhältnis zu Vögeln auf eine Frau übertragen, die in du Mauriers Geschichte gar nicht vorkommt – Melanie Daniels, »ein reiches, oberflächliches Playgirl« (in Hitchcocks Worten), deren kokette Spiele mit ihrer traumatischen Erniedrigung enden.[3] Das Drehbuch fügt auch eine verwitwete Mutter hinzu, die wie eine Klette an ihren Kindern hängt und sie zu manipulieren versucht, ein Thema, das auf Hitchcocks eigenen frühen Familienerfahrungen beruht und sich durch sein gesamtes Werk zieht, als sei er davon besessen gewesen. In du Mauriers nur grob gezeichneter Originalfassung spielen weder sexuelle Intrigen noch Freud'sche Analysen von familiären Einflüssen eine Rolle. **Drehbuch**

Es mag sein, dass du Mauriers Kurzgeschichte von den deutschen Luftangriffen auf Südengland während des Zweiten Weltkriegs inspiriert worden war, die den Zusammenbruch der westlichen Zivilisation anzukündigen schienen. Als Hocken zum Schutz gegen die Vögel die Fenster seines Bauernhofs mit Brettern zunagelt, erinnert er sich an die Luftangriffe auf Plymouth und die Verdunkelungen, die er für das Haus seiner Mutter aus Brettern gezimmert hatte. Hitchcock griff die Analogie zum Krieg auf: Die Tatsache, dass seine Heldin durch die Krise stärker wird, kommentierte er mit dem Hinweis: »Es ist wie bei den Menschen in London während der Luftangriffe im Krieg.«[4] Er sagte, der Hauptangriff der Vögel auf das Haus der Familie Brenner beruhe auf seiner eigenen Erfahrung im Londoner »Blitz«, bei dem seine Mutter in Gefahr geraten sei: »Die Bom- **Luftangriffe** ben fallen und überall donnern wie verrückt die Geschütze. Du weißt nicht, wo du hingehen sollst ... Du bist gefangen! Du sitzt in der Falle!«[5]

Aber die Natur erweist sich als noch tyrannischer als der Mensch. In du Mauriers Geschichte wie auch im Film dringen die Vögel mit lautem Flügelschlagen in ein Kinderschlafzimmer ein. Ein mutiger Mann muss zu Hilfe eilen, wobei er »den Hieben kleiner Schnäbel, scharf wie Gabelzinken« ausgesetzt ist, so dass seine Hände blutig werden.[6] In du Mauriers Erzählung wird die ferne Stadt London, die mit Frivolität und politischer Impotenz gleichgesetzt wird, von den Vögeln auf grausame Weise überwältigt. Dieses Motiv zog auch Hitchcock in Erwägung, verwarf es aber wieder. Er spielte mit dem Gedanken, den Film mit einer Aufnahme der mit Vogelscharen bedeckten Golden Gate Bridge in Francisco enden zu lassen, entschloss sich dann aber, stattdessen die bedrängte Familie und ihren Gast zu zeigen, die sich vorsichtig auf der Zufahrtsstraße an Massen von Vögeln vorbeistehlen, die auf Dächern und Telefonleitungen sitzen.[7] Die ersten Strahlen der Morgendämmerung scheinen die Erlösung anzukündigen, ein Aspekt, der dem Ende der Geschichte bei du Maurier fehlt: Dort wird geschildert, wie die Vögel gnadenlos und unaufhörlich auf die Türen einhacken.

Ursachen für die Vogelangriffe

Sowohl in der Erzählung als auch im Film bleiben die Ursachen für die Vogelangriffe im Dunkeln. Du Maurier webt in ihre Geschichte verstörend spärliche Berichte der BBC ein, in denen von einem »nationalen Notstand« die Rede ist und darüber spekuliert wird, dass die Vögel durch einen kalten arktischen Luftstrom nach Süden getrieben worden seien. Aber Hocken, der Landmensch, hat sofort erkannt, dass ein Naturgesetz verletzt worden ist, das normalerweise verhindert, dass sich verschiedene Vogelarten zusammenscharen. Im Drehbuch wird dieses erschreckende Detail auf einen viel späteren Zeitpunkt verlegt, als eine ältere Ornithologin darauf aufmerksam wird, eine der zahlreichen aus dem Leben gegriffenen Nebenrollen, die dem Film mehr Fleisch und Blut geben sollen.

Hocken jedenfalls sieht Böses am Werk. Als die Radioberichte aus London aufhören, folgert er, dass die vielen Millionen Jahre Erinnerung, die in den kleinen Gehirnen der Vögel gespeichert seien, einen Instinkt geweckt hätten, die Menschheit zu vernichten. Du Mauriers Erzählung endet mit Andeutungen einer Katastrophe, die so vernichtend zu sein scheint wie das schreckliche Sterben, das der Rote Tod in Edgar Allan Poes Kurzgeschichte »Die Maske des Roten Todes« auslöst.

Vögel waren als Nebenthema schon in früheren Arbeiten Hitchcocks in Erscheinung getreten. In *Erpressung* (*Blackmail*, 1929), seinem ersten Tonfilm, wird das schrille Zwitschern aus einem Vogelbauer über dem Bett der Heldin immer lauter. Es bringt ihr Gefühl zum Ausdruck, gefangen zu sein. In *Sabotage* (*Sabotage*, 1936) wird eine Vogelhandlung als Verschwörernest dargestellt; die Filmhandlung erreicht mit der Lieferung eines Vogelpärchens ihren Höhepunkt. In *Eine Dame verschwindet* (*The Lady Vanishes,* 1938) entfliegen Vögel aus einer Kiste in einem Güterwagen. In *Über den Dächern von Nizza* (*To Catch a Thief,* 1955) sitzt Cary Grant in einem Bus zwischen Hitchcock selbst und einer Frau mit einem Vogelkäfig, in dem sich zwei grüne Finken befinden. In *Vertigo* spielt Kim Novak die Rolle der Madeleine Elster und trägt auf ihrem Kleid eine goldene Brosche, die einen Vogel mit scharfem Schnabel zeigt. In *Psycho* spielen Vögel eine große Rolle (obwohl sie in dem Roman, auf dem der Film basiert, nicht vorkommen): Die weibliche Hauptfigur Marion heißt mit Nachnamen Crane (Kranich) und stammt aus Phoenix, und ihr Mörder, Norman Bates, sammelt ausgestopfte Vögel. In *Über den Dächern von Nizza* wird kaltes Hähnchenfleisch gegessen, und in *Frenzy* (*Frenzy*, 1972) wird eine Wachtel für Feinschmecker zubereitet. Wo bei Hitchcock Mode vorgeführt wird, erscheinen die Mannequins häufig wie rennende Vögel mit fliegenden Federn, beispielsweise in *Der Mieter* (*The Lodger,* 1927) oder bei dem farbenfrohen Ball im Stil Ludwigs XV. in *Über den Dächern von Nizza*. In der Jesuitenschule war es eine der Lieblingsbeschäftigungen Hitchcocks, der keine Eier mochte, aus

Hitchcock und die Vögel

dem Hühnerhaus Eier zu klauen und gegen die Fenster der Priester zu werfen: »Es sah aus, als seien Vögel vorübergeflogen.«[8]

Nach *Psycho* wollte Hitchcock eigentlich mit den Dreharbeiten zu *Marnie* beginnen, einem Film, in dem die beiden zentralen Themen aus *Psycho* – Frauen als Diebinnen und Geisteskrankheit – erneut aufgegriffen, aber durch ein glücklich-romantisches Ende relativiert werden. Leider stellte sich bald heraus, dass Grace Kellys Wunsch, mit der recht skandalösen Hauptrolle der Marnie zum Film zurückzukehren, durch die grauen Eminenzen der monegassischen Bürokratie hintertrieben wurde.

Im April 1960, als er über zukünftigen Projekten brütete, las Hitchcock einen Zeitungsbericht über einen Zwischenfall in dem südkalifornischen Ort La Jolla, wo tausend Vögel durch einen Kamin in ein Haus eingedrungen waren und die Einrichtung zerstört hatten.[9] Der Vorfall erinnerte ihn an die Erzählung

Zeitungsbericht über den Vogelangriff auf das kalifornische Santa Cruz, der Hitchcock zu dem Film anregte

von Daphne du Maurier, auf die er zwar ein Auge geworfen, von der er aber nicht geglaubt hatte, dass sie sich als Vorlage für einen ganzen Film eignen würde.

Doch ein Jahr später erregte ein weit schwererer Zwischenfall in Nordkalifornien seine Aufmerksamkeit. »Invasion von Meeresvögeln erschüttert Küstenhäuser«, schrie die Schlagzeile des *Santa Cruz Sentinel* am 18. August 1961. Tausende von »rußschwarzen Sturmtauchern, die gerade ein Festmahl von Sardellen genossen« hatten, seien während der Nacht von der Monterey-Bucht herangeflogen und hätten sich über die nebelverhangenen Küstengebiete in der Nähe von Santa Cruz gestürzt. Schwärme mit Millionen von Seemöwen und Zugvögeln aus Neuseeland und Südamerika seien gegen Autos und Gebäude geprallt und hätten Fernsehantennen und Straßenlaternen zerstört. Die Vögel hätten versucht, in die Häuser einzudringen, als deren Bewohner ins Freie rannten, um herauszufinden, woher morgens um drei Uhr ein solcher Lärm kommen mochte – die Leute hätten sich aber schnell wieder in die Häuser geflüchtet, als sie im Strahl ihrer Taschenlampen die Vögel auf sich zufliegen sahen.

Invasion von Meeresvögeln

Über diesen Zwischenfall hatten Reporter aus dem nahe gelegenen San Francisco berichtet, und Hitchcock reagierte so schnell darauf, dass sein Name im ersten Bericht genannt wurde, den die Zeitung in Santa Cruz druckte. Am Ende des Berichts heißt es: »Der Kriminalfilmproduzent Alfred Hitchcock aus Hollywood rief beim *Sentinel* an und bat darum, ihm ein Exemplar unserer Zeitung zu senden. Er besitzt ein Haus in den Bergen bei Santa Cruz.« Zwar handelte es sich bei beiden Zwischenfällen in Kalifornien eindeutig um zufällige Ereignisse, die zustande gekommen waren, weil die Vögel im einen Fall die Orientierung verloren hatten und im anderen auf die Lichter an der Küste zugeflogen waren, doch waren Angriffe durch Vögel nicht völlig unbekannt. So berichtete eine Zeitung in Los Angeles schon zu Beginn des folgenden Jahres, dass die Polizei einen Falken abgeschossen habe, der kleine Kinder im Victoria Park angegriffen hatte.[10] Am selben Tag meldete eine andere Zeitung in Los Angeles, in Bodega Bay in Nordkalifornien hätten die Dreharbeiten zu Alfred Hitchcocks Film *Die Vögel* begonnen – »nach mehreren Tagen Verzögerung, die durch das schwere, düstere und kalte Regenwetter« verursacht worden seien.

Bodega Bay

Die kleine Stadt Bodega Bay liegt an der Sonoma-Küste nördlich von San Francisco. Hitchcock war der Ort schon zwanzig Jahre zuvor aufgefallen, als er im nahe gelegenen Santa Rosa den Film *Im Schatten des Zweifels* (*Shadow of a Doubt,* 1943) drehte. Warum war der Ort wohl nach einem Krämerladen (in mexikanischem Spanisch *bodega*) benannt worden? Diese Frage stellte ich mir jedes Mal, wenn ich *Die Vögel* angesehen habe. Die ersten Innenszenen in Bodega Bay finden in einem düsteren und verwinkelten Krämerladen statt. Hatte das etwas damit zu tun, dass Hitchcocks Vater (der angeblich die Polizei einmal dazu gebracht hatte, seinen erst fünfjährigen Sohn in eine Gefängniszelle zu stecken) ein Gemüsehändler gewesen war?[11] Der regional gebräuchliche Ortsname Bodega ist auf den letzten der spanischen Entdecker in Kalifornien zurückzuführen, auf Francisco Juan de la Bodega y Cuadro, einen aus Kastilien stammenden Kapitän, dessen Flaggschiff 1775 in die Bucht einlief. Der Titel »de la Bodega« war einem seiner Vorfahren verliehen worden, den der spanische König zum Schatzmeister der königlichen Schatzkammer ernannt hatte (*bodega* bedeutete früher auch Kellergewölbe oder Weinkeller). Die Siedler richteten entlang der Bucht Kaufläden ein, die ebenfalls *bodegas* genannt wurden. Dass Hitchcock den einprägsamen Namen Bodega Bay benutzte, hat auch einen poetischen Anklang: Als Metapher bezieht sich Bodega Bay sowohl auf die Natur als auch auf die Kultur und steht damit für das menschliche Leben im Ganzen.

Dokumentarischer Realismus

Hitchcock näherte sich dem Thema des Films *Die Vögel* mit einem dokumentarischen Realismus, der geradezu als erste Bedingung des Surrealismus bezeichnet werden kann – des modernistischen Stils also, zu dem sein Werk genau genommen zählt und dessen Wegbereiter er ausdrücklich anerkannte.[12] François

Truffaut gegenüber bemerkte er einmal: »Ich ließ jeden Einwohner von Bodega Bay – Männer, Frauen und Kinder – für die Kostümabteilung fotografieren. Das Restaurant ist die genaue Kopie des Restaurants dort.« Auch das Innere von Dan Fawcetts Farmhaus ist eine exakte Kopie eines Hauses in der Nähe von Bodega Bay, und »selbst die Gebirgsszenerie, die durch das Flurfenster zu sehen ist, ist absolut wirklichkeitsgetreu«. Für das Haus der Lehrerin wurde die Inneneinrichtung eines typischen Lehrerhauses in San Francisco mit der eines Lehrerhauses an der Bucht kombiniert, weil die Lehrerin in dem Film in Bodega Bay arbeitet, aber aus San Francisco stammt.[13] Hitchcock besuchte Bodega Bay, bevor das Drehbuch geschrieben wurde: »Die ganze Sache basiert auf den geografischen Bedingungen dort.«[14]

Es mag sein, dass sich Hitchcocks akribische Aufmerksamkeit gegenüber der physischen Welt in jener Periode verstärkte – eine pragmatische Exaktheit und visionäre Virtuosität, die keiner seiner zahlreichen Nachahmer zu verstehen oder auch nur zu imitieren vermochte. Janet Leigh beschreibt in ihren Erinnerungen an die Dreharbeiten von *Psycho*, dass Hitchcock in Phoenix Büros und Häuser ausgiebig fotografieren ließ, darunter sogar typische Gegenstände wie Schrank, Sekretär und Koffer einer jungen berufstätigen Frau, um die von Leigh dargestellte Hauptfigur Marion so präzise und realistisch wie möglich zu treffen.[15] Diese äußerst genaue Vorbereitungsarbeit im Hinblick auf die äußeren Details war Leigh zufolge entscheidend für ihre Charakterdarstellung; sie war zugleich der Gegenpol zum »Methodenstil« der Schauspielkunst Stanislawskijs. Dessen Stil hatte, nachdem Marlon Brando damit berühmt geworden war, so große Beachtung gefunden, dass sogar Marilyn Monroe zur Schauspielschule in New York pilgerte, um ihn zu erlernen.

Pragmatische Exaktheit

Hitchcock jedoch war Zeichner, Katholik, Feinschmecker, ein gewohnheitsmäßig peinlich korrekter Mann und ein ritueller Formalist: Er versuchte nicht, psychologischen Gegebenheiten dadurch auf den Grund zu gehen, dass er seine Schauspieler zu einer Art emotionalem freien Fall ermutigte, sondern indem er ihnen die Grenzen der gesellschaftlichen Konventionen aufzeigte – Grenzen, die er durch einen strengen bildlichen Rahmen vorgab. »Bei den Dreharbeiten gilt nur eine einzige Regel«, erklärte er Leigh. »Meine Kamera ist unfehlbar.«[16] Truffaut gegenüber bemerkte er: »Ich lese weder Romane noch sonstige erzählende Literatur ... Mein Verstand arbeitet völlig visuell.«[17]

Im September 1961, einen Monat nach dem Zwischenfall in Santa Cruz, fand Hitchcock nach mehreren Fehlschlägen einen Drehbuchautor, Evan Hunter (dessen Roman »The Blackboard Jungle« Furore gemacht hatte und der später unter dem Pseudonym Ed McBain berühmt wurde), mit dem er darüber diskutierte, wie man die grässlichen Sciencefiction-Rezepte vermeiden könne, auf die sich viele Filme der fünfziger Jahre stützten. (Zwei meiner Lieblingsfilme dieses Genres des Atomzeitalters sind *Formicula* [*Them!*, 1954], in dem riesige mutierte Ameisen Los Angeles angreifen, und *Beginning of the End* [1957], in dem riesige Heuschrecken Chicago überfallen.) Aber Hitchcock suchte noch immer nach einer Darstellerin für die weibliche Hauptrolle. Ein paar Wochen später saß er eines Morgens im Oktober mit seiner Frau Alma Reville vor dem Fernseher. Alma war gleichzeitig auch seine künstlerische Beraterin. Dabei entdeckte Hitchcock in einem Werbespot für ein Diätgetränk eine lebhafte Blondine. Am selben Nachmittag wurde diskret ein Gespräch mit Tippi Hedren vereinbart, einem Fotomodell aus Minnesota. Hedren war nach ihrer Scheidung erst vor kurzem von New York nach Los Angeles umgezogen, teilweise deshalb, weil ihre damals vierjährige Tochter Melanie Griffith (die später ebenfalls Schauspielerin wurde) in einer natürlicheren Umgebung aufwachsen sollte.

Obwohl Hedren noch keine Probeaufnahmen hinter sich gebracht hatte, wurde sie zur Kostümdesignerin Edith Head geschickt, die für ihre Arbeit bereits einen Oscar verliehen bekommen hatte. Hitchcock beauftragte Head, für seinen neuen Schützling einen unverwechselbaren Kleidungsstil zu entwerfen, und zwar für die Zeiten außerhalb der Dreharbeiten. So ähnlich hatten auch die Filmmogule der Studio-Ära über das private und öffentliche Leben der Schauspieler bestimmt, die sie unter Vertrag hatten. »Dieser Punkt hat mich ziemlich überrascht«, erzählte Hedren dem Autor Donald Spoto. »Für die persönliche Garderobe, die er mir schenkte, gab er genauso viel Geld aus wie für meine Gage für ein ganzes Jahr.«[18] Hitchcock kümmerte sich auch selbst um Hedrens Garderobe für *Die Vögel* und wählte persönlich ihren teuren Goldschmuck aus. »Hitchcock mochte einfache und elegante Dinge wie Schals und Nerzmäntel besonders gern«, erklärte Edith Head, »und deshalb mussten sie auch zu ihrer Garderobe gehören.« Weil der Regisseur in Hedren jene Eigenschaft erkannte, die Kyle B. Counts »eine gewisse Zurückhaltung, eine keusche, kühle Qualität« nennt, wurde für sie ein Filmkostüm aus sanftem Grün entworfen.[19]

Hitchcock

Edith Head erwähnte, dass Hitchcock die Kostümfrage ausgesprochen psychologisch betrachtet habe. Über seine Anweisungen für Grace Kellys Garderobe in *Bei Anruf Mord* (*Dial M for Murder*, 1954) sagte sie: »Für jede Farbe und jeden Stil gab es bei ihm einen Grund.«[20] Hitchcock erwähnte der Hollywood-Kolumnistin Hedda Hopper gegenüber, dass er äußerst genau geplant hatte, wie Eva Marie Saint in *Der unsichtbare Dritte* aussehen sollte: »Ich nahm sie mit zu Bergdorf Goodman und saß neben ihr, während die Mannequins an uns vorbeiparadierten ... Ich überwachte die Auswahl ihrer Garderobe bis ins kleinste Detail – genau so, wie Stewart es mit Novak in *Vertigo* tat.«[21] Mit Tippi Hedren wurden aufwendige Farbtests durchgeführt, die ihn die damals unerhörte Summe von 25 000 Dollar kosteten.

Kostüme

Zwei Tage, bevor die Anproben begannen, wurde Hitchcocks Haus in Bellagio Road in Bel-Air von einem jener gigantischen, katastrophalen Waldbrände bedroht, die sich immer wieder durch die Hügel und Täler von Südkalifornien wälzen. Nachdem

ECHTE UND KÜNSTLICHE, STILLE UND SCHRÄGE VÖGEL 19

bereits 500 Häuser in Asche gesunken waren, erhielten die Hitchcocks die Anweisung, ihr Haus zu räumen. Sie brachten ihre Wertgegenstände, darunter Silber, Pelzmäntel und Kunstwerke, in den Weinkeller – die Bodega oder den Bunker, der jedoch in diesem Fall wenig Schutz gegen die Wut der Naturgewalten geboten hätte. Glücklicherweise nahm der Feuersturm einen anderen Weg, und nach ein paar Tagen im Hotel durften die Hitchcocks wieder in ihr Haus zurückkehren. Für den Regisseur, dessen Lebensweise von physischer Bequemlichkeit geprägt war und der häufig von seiner leidenschaftlichen Ordnungsliebe sprach, war die Entstehung von *Die Vögel* ganz offensichtlich mit existenziellen Krisen verbunden.[22]

Drei Monate später wurde Hedren von den Hitchcocks zu einem Abendessen in Chasen's Restaurant in Los Angeles eingeladen, an dem auch Lou Wasserman teilnahm, der damals an der Spitze von Universal Pictures stand. Bei diesem Essen erfuhr sie, dass sie die Rolle bekommen würde. An ihrem Tischplatz fand sie eine Geschenkschatulle von Gump's (einem eleganten Geschäft in San Francisco, das nur ein paar Häuserblocks von der Stelle entfernt war, an dem die Filmstory beginnt). Die Schatulle enthielt eine goldene Brosche, die drei mit Staubperlen verzierte fliegende Vögel zeigte. Nach diesem einleitenden Ritual lud Hitchcock Hedren formell ein, die Hauptrolle in dem Film zu übernehmen – wobei Hedren, Hitchcocks Frau und sogar Wasserman Tränen in die Augen traten.

Technische Vorbereitungen

Die technischen Vorbereitungen zu *Die Vögel* waren bereits angelaufen, während Hitchcock noch über die Besetzung nachdachte. Nach dem Zwischenfall von Santa Cruz hatte er zunächst Robert Boyle angerufen, der als künstlerischer Leiter bei *Saboteure* (*Saboteur*, 1942), *Im Schatten des Zweifels* und *Der unsichtbare Dritte* mitgewirkt hatte. Hitchcock hatte Boyle gebeten nachzuprüfen, mit welchen Problemen zu rechnen sei, wenn echte Personen mit Bildern von beweglichen Vogelpuppen kombiniert würden. Hitchcock glaubte zunächst, durch die Verwendung von mechanischen Vögeln die irritierenden Schatten vermeiden zu können, die sich manchmal beim normalen Einblendungsverfahren ergaben und die auf winzige Unstimmigkeiten bei den Mattaufnahmen zurückzuführen waren. Eine Unmenge motorisierter Vögel, die zu Versuchszwecken und mit hohen Kosten hergestellt worden waren, bestanden ihre Flugprüfung in den Universal Studios nicht und wurden abgelehnt. Der Kameramann Robert Burks, mit zehn Hitchcock-Filmen bereits ein Veteran, arbeitete mit Bud Hoffman zusammen, einem Experten für Trickeffekte. Zur Demonstration fertigten sie einen Filmstreifen an, für den sie Fotos von echten Vögeln mit Spezialeffekten mischten und der Hitchcock schließlich davon überzeugte, dass dieses Verfahren das richtige sei.

Boyle schlug auch vor, ein älteres Natriumdampf-Verfahren auszuprobieren, das von dem berühmten Animationspionier Ub Iwerks bei den Walt Disney Studios verfeinert worden war, wo auch das Prisma für das Verfahren aufbewahrt wurde. Iwerks hatte kurz zuvor die Arbeiten für die wunderbare Verwandlung von Hayley Mills in Zwillinge in dem Film *Die Vermählung ihrer Eltern geben bekannt* (*The Parent Trap*, 1961) geleitet. Hitchcock lud Iwerks in der Funktion eines Beraters zur Mitwirkung ein und übertrug ihm die Zuständigkeit für die Spezialfotografie in dem Film. Iwerks erster Arbeitsauftrag betraf die Szene, die auf dem Zwischenfall von La Jolla beruhte und in der Spatzen durch den Schornstein und den offenen Kamin in das Wohnzimmer der Brenners eindringen (wobei es sich allerdings in Wirklichkeit um eine Mischung von Schwalben, Finken und Ammern handelte). Vor den Dreharbeiten hatte man den ganzen Raum in Plastikfolien eingepackt, die das Licht durchließen, aber die wie wahnsinnig herumflatternden Vögel gefangen hielten, während sie von den Windmaschinen hin- und hergeworfen wurden. Über diese Aufnahmen wurden später vierfache Einblendungen von fliegenden Vögeln gelegt, die Iwerks in einem Glaskasten aufgenommen hatte. Die gequälten Vögel rächten sich schließlich dadurch, dass sie ihre Läuse auf Hitchcocks gesamte Filmcrew übertrugen.

**Spezial-
fotografie**

Hitchcock posiert mit zwei gezähmten Vögeln

Im Film sind auch ein paar Vögel aus Pappmaché zu sehen, die Lawrence Hampton (der für die Trickeffekte zuständig war) angefertigt hatte, beispielsweise im Auto, mit dem Melanie davonrast, und bei der Kinderparty. Auch die Vögel in der Kaminepisode, die Mitchs Mutter Lydia (dargestellt von Jessica Tandy) umschwirren, sind künstlich; sie wurden mit Drähten am Nacken der Schauspielerin befestigt. Eine Einzelaufnahme der Szene, in der Lydia mit beiden Händen nach Vögeln schlägt, die sich in ihrem Haar verfangen haben, war so wirkungsvoll, dass sie für das Filmplakat verwendet wurde. Seither glaubt man allgemein, die darauf abgebildete hysterische Frau sei Melanie Daniels (was der Tatsache zuzuschreiben war, dass auf dem Poster das Haar in Blond und das Kleid in Grün umgefärbt worden war). Auch wirkt Tandys Gesicht durch die Mimik des Schreiens seltsamerweise jünger, so dass die frostige Mutter und ihre Rivalin sogar physisch eine Person zu werden scheinen. Das erinnert ein wenig an die Verschmelzung von Mutter und Sohn in den Schlussszenen von *Psycho*.

Filmplakat

Doch die meisten Vögel in Hitchcocks Film sind echt. Er bestand darauf, dass es sich um einheimische Vogelarten und nicht um Geier oder Raubvögel handeln sollte. Die Aufnahmen der Vögel wurden auf raffinierte Weise gedreht. Drei Tage lang nahm eine Kamera 6000 Meter Film von Vögeln auf einem Müllplatz in San Francisco auf. Man hatte den Müll zu einem großen Haufen aufgetürmt, um die Möwen dazu zu bringen, im Sturzflug herunterzustoßen, zu landen und zu fressen. Um die spektakuläre Vogelperspektive der über der brennenden Ortschaft Bodega Bay kreisenden Möwen einzufangen, stellte sich ein Kameramann auf eine dreißig Meter hohe Klippe auf der Insel Santa Cruz, die vor Santa Barbara liegt. Den Möwen wurden im Flug Fische zugeworfen. In einem 1968 veröffentlichten Artikel erklärte Hitchcock, dass diese Aufnahmen nach dem Wandermaskenverfahren eingeblendet wurden, wobei vorbeifliegende Möwen fotografisch vervielfältigt wurden. Zwei Frauen mussten dann die Vögel in jedes einzelne Filmbild einzeichnen, so dass man für diese 15-Sekunden-Szene drei Monate brauchte.

Vogelaufnahmen

Der Krähenangriff auf die Schule umfasst 60 Schnitte; dafür wurden fast sechs Wochen benötigt. Für dieses Material engagierte Iwerks L. B. Abbott von 20th Century Fox. Die Vögel wurden in einem Windkanal fotografiert, optisch vervielfältigt und über einen Filmstreifen gelegt, der Kinder zeigte, die auf einer wirklichen Straße in Bodega Bay oder auf einem Laufband im Studio rannten, wo künstliche Vögel an Drähten über ihnen hin- und herschwangen. Bei der Koordination der Bilder war die zeitliche Abstimmung entscheidend, während Zoomeinstellungen die richtige Perspektive vermitteln sollten. Mehreren Vögeln wurde beigebracht, auf den Schultern der Kinder zu landen, aber die Schnabelhiebe im Film erhalten sie von einer Handpuppe.

Für die Szene im Dachgeschoss des Brenner-Hauses, die zu den Höhepunkten des Films gehört und in der Melanie unter den Angriffen eines Killer-Vogelschwarms zu Boden stürzt, wurden lebende Möwen, Krähen und Raben eingesetzt. Erst als Tippi Hedren an diesem Tag am Drehort eintraf, erfuhr sie, dass die mechanischen Vögel abgelehnt worden waren, da sie zu unecht gewirkt hätten. Für diese schreckliche Szene brauchte man sieben Tage; im Film dauert sie zwei Minuten und zehn Sekunden. Hedren bezeichnete diese Tage als »die schlimmste Woche meines Lebens«.[23] Um die Kulisse wurde ein Käfig gebaut, der die Vögel gefangen hielt. Die Tiere wurden von Studioarbeitern mit Lederhandschuhen, die bis über die Ellenbogen gingen, aus einer Entfernung von zwei bis drei Metern buchstäblich auf Hedren geworfen.

In gewissen Abständen wurden die Aufnahmen unterbrochen, damit der Maskenbildner Howard Smit auf Hedrens Gesicht und Armen mit Latexstreifen und Theaterblut Wunden und Kratzer vortäuschen konnte. Ihre Frisur war zerzaust, und das grüne Kleid erhielt immer mehr Risse. Die Möwe, auf die sie mit ihrer Taschenlampe einschlägt, war eine Attrappe, und der echte Vogel, der ihr in die Hand pickt, trug eine Lederkappe über dem Schnabel. Aber die Tortur, die Melanie erleidet, musste auch Tippi erleiden. Hedren erinnert sich an die grausamen, tagelangen Qualen, die die letzten Sekunden dieser Szene erforderten: »Ich musste mich auf den Boden legen, und die Vögel waren lose an die Picklöcher in meinem Kleid gebunden. Einer der Vögel krallte sich in mein Auge, und das gab mir den Rest: Ich setzte mich einfach hin und heulte. Es war eine unglaubliche körperliche Qual.«[24] Hedren trug einen Kratzer an ihrem linken unteren Augenlid davon.

Qualen

War Hitchcock ein Sadist, dass er seinen Star auf diese wenig kavalierhafte Weise behandelte? Offensichtlich waren weder Hedrens Unversehrtheit noch ihre Sicherheit gewährleistet. Sie brach total zusammen; ihr Arzt verbot ihr weiter zu arbeiten, und die Dreharbeiten mussten eine Woche lang ruhen – seit 20 Jahren das erste Mal, dass in einem Hitchcock-Film ein medizinisch bedingter Notstand eintrat.

»Quält die Frauen!«, witzelte Hitchcock einmal in Anlehnung an Sardou.[25] In meinem Interview mit Hedren widersprach sie der verbreiteten Meinung, Hitchcock sei ein bösartiger Frauenhasser gewesen. Zur Szene im Dachgeschoss bemerkte sie: »Er bedauerte die Sache sehr. Er wollte nicht einmal aus seinem Büro kommen, bevor die Kameras liefen.« Zu ihrer damaligen Willfährigkeit erklärte sie: »Es war mein erster Film und ich hatte keine Ahnung. Ich wusste, dass man für die Szene in der Dusche mit Janet Leigh eine Woche gebraucht hatte. Ich dachte nur, so ist es eben!«[26]

Tatsächlich war Hitchcock während der gesamten Dreharbeiten des Films nicht wohl zumute. Jon Finch, der in Hitchcocks Film *Frenzy* die Hauptrolle gespielt hatte, erzählte: »Er sagte mir einmal, dass er Angst vor Vögeln habe. Bei dem Film hatte er es nur mit ganz wenigen echten Vögeln zu tun – und er hielt sich immer so fern von ihnen wie möglich.«[27]

Für die Montage der Aufnahmen der Szene im Dachgeschoss bat Iwerks Linwood Dunn von der Firma Film Effects in Hollywood um Unterstützung. Bei Bob Hoag von MGM ließ man sich für die Trickeffekte bei der grauenhaften Szene in der Telefonzelle vor dem Restaurant beraten. Die kompliziertesten Trickeffekte wurden jedoch für die lange Einstellung am Ende des Films benötigt, in der das Auto vom Farmhaus wegfährt – unter den Blicken von anscheinend vielen Tausend Vögeln. Hitchcock bezeichnete diese Szene als »die schwierigste Einzelszene, die ich jemals gedreht habe«.[28] Es handelt sich dabei um eine Montage von 32 Einzelaufnahmen, die über eine Mattaufnahme von einem Gemälde gelegt wurden. Das Bild war von dem Grafiker Albert Whitlock gemalt worden und zeigte den Hof, die Landschaft und den Himmel in der Morgendämmerung. Für die Scheune und den fahrenden Wagen mussten eigene Schnitte angefertigt werden, ebenso für den Vordergrund, der sich aus drei Teilen mit vervielfältigten Fotos derselben Möwen aufbaute. Ein Drittel der Vögel wurde zwar vorgetäuscht, aber es sind auch ein paar echte Hühner und 500 Enten aus der Ortschaft zu sehen, die grau koloriert wurden. Die raschelnden Vögel, die zwar unruhig werden, aber nicht auffliegen, als Mitch vorsichtig aus der Haustür schleicht, hatten entweder Beruhigungsmittel erhalten

Montage

oder trugen kleine Fußbänder, und die Füße der Möwen auf den Dächern waren mit Klebebändern befestigt worden.[29]

Einfangen der Vögel

Der Dresseur Ray Berwick, der kurz zuvor bei John Frankenheimers Film *Der Gefangene von Alcatraz* (*Birdman of Alcatraz*, 1962) mitgewirkt hatte, war für Hitchcocks kleinen Zoo zuständig. Es erwies sich als unerwartet schwierig, wilde Vögel zu fangen. Selbst ein Appell an professionelle Fallensteller im ganzen Land brachte nichts, obwohl für jeden Vogel eine Prämie von zehn Dollar ausgesetzt worden war. Berwick beschrieb, wie er und ein Helfer sich nachts mit geschwärzten Gesichtern und in schwarzer Kleidung an eine Kolonie von 20 000 Saatkrähen in Arizona anschlichen. Sie krochen auf Händen und Knien über einen Acker und warfen dann ein Netz über die schlafenden Vögel. Berwick brauchte acht Monate, um seinen Vogelschwarm für die Dreharbeiten zu dressieren. Die Vögel waren in 40 Studiokäfigen untergebracht und fraßen täglich 50 Kilogramm Vogelfutter sowie 100 Kilogramm Schrimps, Sardellen und Fleisch.

Die Nahaufnahme beim letzten Angriff auf das Brenner-Haus zeigt nicht Rod Taylors, sondern Berwicks Hand, auf die eine Möwe einhackt, und das Blut ist echt. Der Vogel neben dem Hauseingang, der auf Taylors Hand einhackt (die vorher mit Fleisch eingeschmiert wurde), ist Berwicks Lieblingskrähe Nosey. Berwick bewunderte die Intelligenz der Raben, hielt aber nicht viel von den Möwen: »Die Möwen zielen manchmal absichtlich auf die Augen der Menschen.«[30] An einem einzigen Tag mussten ein Dutzend Mitglieder der Filmcrew wegen kleinerer Wunden behandelt werden, die von Schnäbeln und Krallen herrührten.

Behandlung der Vögel

Ein Kontrolleur von der American Humane Association war während der gesamten Dreharbeiten anwesend, um sicherzustellen, dass die Vögel gut behandelt wurden. Nach dem Abschluss der Filmarbeiten wurden die meisten Vögel wieder freigelassen, und die Vögel aus Arizona wurden in ihre gewohnte Umgebung zurückgebracht. Doch 50 Krähen weigerten sich, das Studiogelände zu verlassen. Sie blieben in der Nähe von Hitchcocks Bungalow und beschmutzten sein Auto, bis schließlich der Baum, auf dem sie sich niedergelassen hatten, gefällt wurde.

Berwick kümmerte sich um alle Fragen, die die Natur betreffen; das hervorragend besetzte Art Design Team hingegen war für alle kulturellen Aspekte verantwortlich. Die ersten Skizzen, die Robert Boyle für *Die Vögel* anfertigte (deren Handlung damals noch wie bei du Maurier in Cornwall stattfinden sollte), waren von Edvard Munchs symbolistischer Lithografie »Der Schrei« (1893) inspiriert. Boyle meinte, er habe dabei versucht, »das düstere und irre Gefühl einzufangen, das den inneren Zustand als eine Art Wildnis wiedergibt«.[31] Albert Whitlock, der schon in England mit Hitchcock gearbeitet hatte und später in dem Film *Erdbeben* (*Earthquake*, 1974) die Zerstörung von Los Angeles darstellte, malte im Verlauf eines Jahres die zwölf komplizierten Mattbilder für *Die Vögel*. Gemeinsam mit Boyle fuhr er zu den verschiedenen Drehorten in Bodega Bay, um Skizzen anzufertigen. Auf den Mattbildern wurde die Bucht so abgebildet, wie sie wirklich war; es wurden jedoch Gebäude hinzugefügt, um ein Ortszentrum zu schaffen, das in Wirklichkeit gar nicht vorhanden war, und der klare Himmel über dem Meer wurde bewölkt, um ihm Stimmung zu verleihen, wie sich Whitlock ausdrückte.

Skizzen

Das erstaunlichste Mattbild war das Panorama von Bodega Bay aus der Vogelperspektive. Auf diesem Bild war die Bucht voll von Fischkuttern, Kais, Lagerhäusern und schindelbedeckten Häusern. Die Mitte des Bildes blieb leer, so dass hier die Filmaufnahmen eines echten Benzinfeuers eingeblendet werden konnten. Diese Aufnahmen wurden auf einem Parkplatz der Filmgesellschaft Universal inszeniert, wie Hitchcock es nannte. Die hoch aufschießende Flammensäule des brennenden Benzins wurde von einer Kamera aufgenommen, die man auf den Hügeln hinter dem Studio positioniert hatte.[32] Das Ergebnis ist eine der bemerkenswertesten Aufnahmesequenzen der Filmgeschichte.[33]

Feuer

Bodega Bay bot Hitchcock die offene Landschaft und die flache Topografie, die er gesucht hatte, um die überwältigende Wirkung

Der Himmel als monumentale Leinwand

Locations

fliegender Vogelschwärme einzufangen: Er machte den Himmel zu seiner monumentalen Leinwand. Als Whitlock und Boyle die Gegend erkundeten, bestimmten sie die Gebäude, die man für den Film gebrauchen konnte. Das Haus der Familie Brenner war eigentlich eine Hütte, die zu einer halb verfallenen Farm im Besitz einer exzentrischen alten Dame gehörte und die auf der Halbinsel Bodega Head lag. Um das alte Haus herum wurde wie ein Schutzschild ein neues gebaut (das später abbrannte), und daneben wurde eine Scheune errichtet. Ferner baute man einen hölzernen Landesteg und auf dem neu hergerichteten Grundstück einen kleinen Pavillon.

Das an Beatrice Potters Geschichten erinnernde Schulhaus aus dem 19. Jahrhundert stand nicht in Bodega Bay, sondern acht Kilometer landeinwärts in der Stadt Bodega, wo es auch heute noch steht. Das Schulhaus war halb verfallen, zugenagelt und eigentlich abbruchreif, aber Hitchcocks Crew renovierte das Haus und baute im Schulhof ein Klettergerüst auf. Das nahe gelegene Wohnhaus der Lehrerin wurde für die Zeit der Dreharbeiten nur als Fassade errichtet. Das Restaurant »The Tides«, dessen Inneres im Studio nachgebaut wurde, ist schon seit der Zeit verschwunden, als die Kaianlagen ausgebaut wurden. Das Farmhaus der Fawcetts ist noch immer in Privatbesitz.

Hitchcock behauptete, durch die Trickaufnahmen, die dem neuesten Stand der Technik entsprachen, werde der Film *Die Vögel* »zur wahrscheinlich ungewöhnlichsten Arbeit, die je gemacht wurde«, obwohl viele der Montageaufnahmen heute recht primitiv wirken, wenn man sie mit den verblüffenden Ergebnissen der heutigen Computeranimation vergleicht.[34]

Der Film sollte ursprünglich schon am Thanksgiving Day 1962 in die Kinos kommen, doch musste der Kinostart auf März 1963 verschoben werden, weil die 412 Trickaufnahmen ausgesprochen kompliziert waren, da sie teilweise aus sieben übereinander liegenden Bildern bestanden. Obwohl Hitchcock in den meisten Fällen den Schnitt seiner Filme bereits fertig im Kopf entwarf, wie die Storyboards beweisen, fielen bei diesem Film ungewöhnliche Mengen an ausgesondertem Filmmaterial an. Kameramann Burks und Cutter George Tomasini mussten fast 1500 Aufnahmen zusammenstellen, nach Spoto »ungefähr zweimal so viel wie bei einem normalen Film und fast dreimal so viel wie Hitchcock gewöhnlich in seinen Filmen verwendete«.[35] Der verbitterte Drehbuchautor Hunter kommentierte das Ende von *Die Vögel* verächtlich mit den Worten: »... dieses Mosaik aus 3407 Filmschnipseln«.[36]

Kinostart

Während der monatelangen Nachbearbeitung ließ Burk die gesamten Aufnahmen immer wieder von verschiedenen Firmen kopieren, bis das Ergebnis seinen hohen Ansprüchen in Bezug auf die Wirklichkeitstreue gerecht wurde. Der angenehme kalifornische Sonnenschein wurde von Hitchcock sehr penibel bearbeitet, um die richtige Wirkung zu erzielen: »Ich wollte, dass es düster aussieht«, erklärte er. »Es war notwendig, im Filmlabor die Farben in vielen Szenen zu reduzieren, um die richtige Wirkung zu erzeugen.«[37]

Nachbearbeitung

Trotz dieser Herkulesarbeit wurde *Die Vögel* nicht mit dem Preis der Academy of Motion Picture Arts and Sciences für die besten Spezialeffekte ausgezeichnet, und es gab auch keine Nominierung in einer der anderen Sparten. Der Oscar ging statt dessen an das Filmepos *Cleopatra* (*Cleopatra*, 1963) mit Elizabeth Taylor, das Hitchcock, wie übrigens auch *Ben Hur* (*Ben Hur*, 1959), verächtlich als »ein Nichts« bezeichnete – »nur Unmengen von Leuten und Kulissen«.[38]

2 | Melanie als Liebesbotin und Fallenstellerin in Bodega Bay

Der Titelvorspann des Films *Die Vögel* wurde von James S. Pollak entworfen und ist eine eigenständige, fantasievolle und geradezu avantgardistische Leistung. Schwarze Krähen flattern vor einem kalten, weißen und abstrakt wirkenden Hintergrund hin und her, unscharf aufgenommen, als seien sie uns bereits gefährlich nahe. Das allein wirkt schon unheimlich, denn dieser Titel erscheint wie eine Fortsetzung der letzten Szene von *Psycho*, des Films, den Hitchcock vor *Die Vögel* drehte. In dieser letzten Szene starrt Norman uns an, ein Wahnsinniger, der verkrümmt vor einer kahlen Wand kauert. Der Anfang von *Die Vögel* scheint uns den Zugang zum unergründlichen Innenleben eines Verrückten zu öffnen, wo ein irres Durcheinander von animalischen Kräften wütet.

Den Hintergrund des Titels bildet der scharfe Kontrast von tiefem Schwarz und blendendem Weiß, vor dem die sehr formalen, leicht erhabenen klassischen Lettern des Filmtitels in Himmelblau hervortreten – eine wunderschöne Pastellfarbe wie aus einem Idyll Renoirs, die Farbe romantischer Hoffnung und des weiten Mantels der barmherzigen Gottesmutter Maria. Es ist aber auch die Farbe des ruhigen, wolkenlosen Himmels über Bodega Bay, die Hitchcock für seinen Film nicht brauchen konnte. Auf dem Titelvorspann fließen die Wörter und Namen unruhig zusammen und bröckeln dann auseinander, als würden sie von unsichtbaren Schnäbeln zerhackt. Der Titel deutet den Krieg zwischen Natur und Kultur an: Das Irrationale und das Primitive siegen über die Illusionen der Menschen.

Zum zweiten Mal nach *Das Rettungsboot* (*Lifeboat*, 1944) ist in einer Hitchcock-Produktion keine Musik zu hören, weder am Anfang noch irgendwo sonst im Film. Auch in *Das Rettungsboot* kämpft eine kleine Menschengruppe mit den Naturgewalten um ihr Überleben. Während in *Die Vögel* die Liste der Mitwirkenden zu sehen ist, hört man nur das Flattern und Schwirren der Flügel, begleitet von krächzenden, hallenden Vogelschreien. Das Krächzen wird zunächst leiser, bricht aber mit voller Lautstärke wieder hervor, als die Namen der beiden Deutschen Remi Gassmann und Oskar Sala angeführt werden, die den bahnbrechenden elektronischen Soundtrack entwickelten, und beim Namen von Bernard Herrmann, Hitchcocks herausragendem Spezialisten für Soundeffekte. Bei Hitchcocks Namen erreichen die Vogelschreie den Höhepunkt. Auch sein Name bröckelt auseinander, wobei die Bruchstücke von flatternden Flügeln weggefegt werden. Dann wird die Leinwand rabenschwarz.

Soll das ohrenbetäubende Crescendo bedeuten, dass Hitchcock uns bedrohen will oder dass er selbst am stärksten bedroht ist? Die barbarischen Angriffe auf die klassisch schönen Farben und Formen des Titels sind wie eine Zeitreise in Hitchcocks künstlerische und persönliche Vergangenheit: Schon mit dem düsteren *Psycho* kehrte Hitchcock, der Meister des Technicolor, wieder zu den schwarz-weißen Anfängen seiner Karriere als Regisseur zurück – und könnten wir noch ein Stückchen weiter in Hitchcocks psychische Vergangenheit blicken, würden wir das festungsartige Seelengefängnis erkennen, in dem er seine unangenehmsten Familienerinnerungen einschloss.

War soeben noch das Furcht erregende, introvertierte Weiß des Vorspanns zu sehen, das uns eine kosmische Leere und einen geistigen Käfig zu signalisieren scheint, so setzt der Film abrupt mit der unbeschwerten Geschäftigkeit des Alltagslebens ein. Eine Glocke läutet, als wolle sie uns von einem Alptraum erwecken und zum Gottesdienst rufen – eine Straßenbahn in San Francisco, überfüllt mit größtenteils männlichen Einwohnern und Touristen. Nachdem sie vorbei ist, erblickt man eine attrak-

tive junge Frau, die am Straßenrand wartet. Melanie Daniels trägt ein elegantes schwarzes Kostüm mit einem engen Rock – die einzige Szene, in der wir sie in anderer Kleidung als in dem berühmten hellgrünen Kostüm sehen. Ihr glänzendes, champagnerblondes Haar ist zu einer kunstvollen Frisur aufgetürmt (die an Kim Novaks Haarknoten in *Vertigo* erinnert). Der symbolische Bezug zum Titelvorspann ist subtil, aber eindeutig: Die Frau ist eine Krähe, ihre Stöckelschuhe sind die Krallen einer räuberischen Kreatur. Melanie trägt eine ungewöhnlich lange und schmale schwarze Ledertasche in der Hand, wie ein phallisches Gewehrfutteral.

Hinter ihr liegt der große weite Union Square, bepflanzt mit breit gewachsenen Palmen, ein üppiger tropischer Platz, hinter dem die kulissenhafte steinerne Silhouette der Hochhäuser aufragt. Melanie überquert schnell die Straße und kommt auf dem Bürgersteig auf uns zu. Dabei geht sie an einem vor dem Zeitschriftenkiosk ausgehängten Reiseposter von San Francisco vorbei (das die Golden Gate Bridge aus *Vertigo* zeigt), bleibt aber wie angewurzelt stehen, als sie einen bewundernden Pfiff hört. Sie dreht sich halb um, offenbar will sie den unverschämten Mann mit einem vernichtenden Blick bestrafen, doch dann breitet sich ein strahlendes Lächeln auf ihrem Gesicht aus, als sie erkennt, dass es nur ein frecher Schuljunge war. Unbeschwert genießt sie seine Bewunderung. Hier ist anzumerken, dass Hitchcock in dieser Szene die witzige Handlung und die Personen des Fernsehwerbespots aufgriff, der ursprünglich sein Interesse für Tippi Hedren geweckt hatte. Robert Boyle erklärte: »Ihre Art zu gehen hat ihn fasziniert.«[39]

Obwohl Melanie bis zu diesem Zeitpunkt kein Wort gesprochen hat, ist ihr Charakter bereits deutlich geworden: eine Frau, die ihren Chic meisterhaft zu pflegen weiß, eine schöne, hochmütige Dame, die sich ihrer Macht über die Männer bewusst und gewohnt ist, sie im öffentlichen wie im privaten Leben auszuspielen. Das professionelle Fotomodell Hedren beherrscht diese Szene mit einer fast tänzerischen Leichtigkeit, die mich als Ju-

Links: Keine Filmmusik, sondern Geräusche unterstreichen die Furcht erregenden Szenen. Hitchcock hinter dem Trautonium, mit dem die Effekte erzeugt wurden

Am Union Square

gendliche sofort stark beeindruckte – wie übrigens auch unzählige schwule Männer, die ein Auge für die neueste Mode haben. Hedren spielt eine Melanie, die Selbstvertrauen und einen attraktiv wirkenden Narzissmus ausstrahlt. Damit ist sie übrigens eine der Vorgängerinnen einer weiteren Femme fatale aus San Francisco, die von dem ehemaligen Fotomodell Sharon Stone in *Basic Instinct* (Basic Instinct, 1992) gespielt wurde.

Als sich Melanie zu dem Jungen umdreht, blickt sie zugleich auf den Platz hinüber. Der Vogellärm lenkt ihren Blick vom Gehweg zum Himmel, wo Unmengen von Seemöwen kreisen. Ihr Lächeln verschwindet, und eine Vorahnung lässt sie erstarren. Der Union Square wird von dem hoch aufragenden Dewey-Monument beherrscht, einer fast 30 Meter hohen Granitsäule, die zum Gedenken an den blitzartigen Schiffsangriff errichtet wurde, den Admiral George Dewey in der Bucht von Manila während des Spanisch-Amerikanischen Krieges durchführte. Auf der Spitze steht die (allerdings normalerweise beflügelte) römische Siegesgöttin Victoria, die einen Lorbeerkranz in der einen Hand hält und einen Dreizack in der anderen.[40] Will Victoria etwa die unruhigen Vogelmassen besänftigen? Die Vogelfrau Melanie wird selbst bei ihrer Reise nach Bodega Bay Vögel als Geschenk überbringen. Und sie wird die Invasion des Hauses der Familie Brenner durch einen Angriff mit einem Boot einleiten.

Riesige Reklametafeln über dem Union Square – »Air France / Jet nach Paris« und »Jet B.O.A.C.« (British Overseas Airways Corporation) – erinnern uns daran, dass auch die Menschen heute glauben, fliegen zu können, als wollten sie den Herrschaftsbereich der Vögel usurpieren. Natürlich ist Hitchcock bei diesem besonderen Flug der Kapitän der britischen Fluggesellschaft. Vor dem Himmel hebt sich eine gewaltige eiserne Straßenlaterne aus dem 19. Jahrhundert ab, deren kunstvoll gestaltete Zwillingslampen bereits die Szene im Dachgeschoss des Brenner-Hauses andeuten: Dort wird sich Melanie, belagert und auf hohem Standort wie die einsame, vom Wind umwehte Statue, mit erhobener Taschenlampe gegen den Angriff aus der Luft zur Wehr setzen.

Melanie geht weiter und betritt die Zoohandlung Davidson gerade in dem Augenblick, in dem Hitchcock selbst in einer seiner üblichen kleinen Nebenrollen aus dem Geschäft herauskommt. Seine beiden weißen Terrier (West Highland), Stanley und Geoffrey, tänzeln an der Leine vor ihm her.[41] (Wenn ich Hitchcock mit abgewandtem, ernstem Gesicht an Hedren vorbeieilen sehe, denke ich immer: »Der Regisseur geht und lässt seine Stars alleine weiterarbeiten!«) Hinter einem der Schaufenster mit der Aufschrift »Haustiere – Vögel – Tropenfische« liegt eine sehr aufmerksam und konzentriert wirkende Katze, von der Melanie im Vorübergehen genau beobachtet wird, als biete sich hier beste Unterhaltung. Vor dem anderen Schaufenster betrachtet ein Ehepaar in mittlerem Alter einen Baum (wie die Palmen und die Säule auf dem Platz), auf dem zahme Äffchen herumklettern (wie die Männer, die auf den Trittbrettern der Straßenbahn hängen). Der Hut der Frau sieht wie ein umgedrehter Blumentopf aus – nur einer von mehreren altmodischen Hüten auf den Köpfen von matronenhaften Damen mittleren Alters, die sich im Laden umschauen und von denen eine in eine schwere Nerzstola gekleidet ist.

Hitchcock verlässt die Zoohandlung im selben Augenblick, in dem Melanie durch die Tür geht

Die Kleidung der Kundinnen ist wie ein vielfarbiges Gefieder; sie bildet die Flora und Fauna in Hitchcocks darwinistisch-sexuellem Dschungel. Es ist auffallend, dass dagegen die kultivierte Melanie, die sich energisch ihren Weg zwischen den Passanten bahnt, eher den Geschäftsmännern ähnelt, die in dunklen Anzügen vorübereilen und ihre Lederaktentaschen schwingen. Wie Ibsens Hedda Gabler schlägt auch Melanie ihrem Vater nach, der eine verantwortungsvolle Position bekleidet. Hitchcocks Abneigung gegenüber gemessenen und korpulenten Matronen lässt sich darauf zurückführen, dass er neben seiner Mutter zu ersticken glaubte. In dem Film *Im Schatten des Zweifels* wird das offenkundig, wenn der charmante, aber amoralische Anti-Held (Joseph Cotton) sehr anschaulich beschreibt, wie solche Frauen umzubringen seien. Ähnlich auch in dem Film *Der Fremde im Zug* (*Strangers on a Train*, 1951), in dem der Bösewicht, ein Muttersöhnchen (Robert Walker), bei einer Kostümparty eine ältliche Gesellschaftsdame beinahe erwürgt.

In der Tierhandlung

Die Außenaufnahmen der Tierhandlung wurden am Originalstandort aufgenommen (die Kamera war in einem Möbelwagen versteckt), doch die Innenaufnahmen wurden in einer zweistöckigen Kulisse im Studio gedreht. Im Geschäft geht Melanie an einer Reihe von Aquarien und aufgehängten Vogelkäfigen vorbei die Treppe hinauf, wobei sie der kräftigen, älteren Mrs. MacGruder zuruft: »Draußen wimmelt es ja von Möwen! Wo kommen sie nur alle her?« Mrs. MacGruder antwortet: »Wahrscheinlich ist ein furchtbarer Sturm auf See. Der treibt sie dann landeinwärts.« Der Film beginnt also mit dem unbestimmten Gefühl, dass die Natur irgendwie gestört wurde.

Melanie wollte jetzt, um 15 Uhr, den von ihr bestellten indischen Maina-Vogel abholen. Wie wir später erfahren, handelt es sich um ein Geschenk für eine ehrbare Tante, die Melanie mit dem schmutzigen Straßenjargon des Vogels schockieren will. Mit anderen Worten: Der seltene tropische Vogel, der ausdrücklich als Männchen identifiziert wird, dient der kapriziösen Melanie als Instrument zur Wiedergabe auswendig gelernter Sätze. Die unglückliche Tante muß als Ersatz für Melanies treulose Mutter herhalten und wird von ihr stellvertretend dafür bestraft, dass die Mutter die Familie verließ. Ein weiteres Element wird zwar nicht unmittelbar offenkundig, lässt sich aber aus Hinweisen wie zum Beispiel der Wanduhr ablesen: Der Film *Die Vögel* beginnt ungefähr zur gleichen Tageszeit wie *Psycho*; dort wird die Panoramaaufnahme von Phoenix in der Anfangsszene mit dem Datum »Freitag, 14.43 Uhr« überschrieben (vgl. Melanie Daniels' Kalender, Seite 134).

Melanie ist verärgert und schmollt ein wenig, weil der bestellte Vogel noch nicht eingetroffen ist. Sie lehnt sich elegant über den Ladentisch, um ihre Adresse aufzuschreiben, an die der Vogel geliefert werden soll. In diesem Augenblick betritt Mitchell Brenner (Rod Taylor) den Laden. Auch er will einen Vogel als Geschenk für eine weibliche Verwandte kaufen, nämlich für seine elfjährige Schwester. Obwohl er Melanie sofort als jene höchst eigensinnige Gesellschaftslöwin erkennt, über die bereits häufig in den Zeitungen berichtet wurde, behandelt er sie absichtlich als Verkäuferin. (In *Vertigo* spielt Kim Novak eine echte Verkäuferin bei Magnin's, einem Geschäft, in dem Melanie vermutlich kurz zuvor eingekauft hat, denn es liegt nur einen Häuserblock östlich des Union Square.) Bevor Mitch sie herbeiruft, können wir einen Augenblick lang beobachten, dass er Melanies rundes Hinterteil und ihre wunderbaren Beine anerkennend und etwas herrisch mustert. Auch der Blick auf die Beine ist ein ständig wiederkehrendes Motiv bei Hitchcock, das seine voyeuristischen Vorlieben widerspiegelt.

Erste Begegnung

In *Saboteure* starrt der wie eine Ratte aussehende Terrorist (Norman Lloyd) auf der Fähre zur Freiheitsstatue lüstern Priscilla Lanes Beine an, aber da er kein Gentleman ist, lässt er sich von ihr dabei erwischen. Schon in *Erpressung* beschäftigte sich Hitchcock wohlwollend mit den Stöckelschuhen der Frauen als Symbol der Moderne – die kokette Heroine wird in einem Speicher angegriffen und läuft dann verzweifelt über einen Platz, auf dem ebenfalls ein Seekriegsdenkmal steht (Trafalgar Square in London). Entblößte Frauenbeine waren zwar schon immer im Boudoir dargestellt worden – wie Ingres' »Odaliske mit der Sklavin« oder Manets »Olympia« zeigen –, aber bis in die zwanziger Jahre hinein niemals auf der Straße. Damals war Hitchcock noch ein zurückhaltender, rundlicher und sexuell unerfahrener junger Erwachsener, der sich von Frauen einschüchtern ließ. Natürlich kann man einen modischen Stöckelschuh, der das Bein länger wirken lässt und den Fuß geradezu fetischistisch wölbt, als Verkrüppelungsinstrument der Frauen ansehen,

Melanie gibt sich gegenüber Mitch als Verkäuferin aus

Erotisches Spiel

durch das sie noch verletzlicher werden. Hitchcock jedoch sieht in solchen Schuhen (wie übrigens auch ich selbst) Furcht einflößend scharfe Waffen der weiblichen Macht.

In der Tierhandlung beginnt jetzt das Spiel zwischen Mitch und Melanie. Melanie schlüpft in die Rolle der Verkäuferin, während sie den gut aussehenden Fremden abschätzend betrachtet. Er verlangt nach *lovebirds* [Sperlingspapageien, auch Liebesvögel genannt, A. d. Ü.], womit ein explizit erotischer Unterton in ihre Unterhaltung kommt. Melanie akzentuiert diese latente Erotik: Improvisierend und zögernd bewegt sie sich durch das Geschäft, wobei sie sich nachdenklich mit einem Bleistift gegen Kinn und Wange klopft – kaum weniger kunstvoll als Scarlett O'Hara, die in *Vom Winde verweht* (*Gone with the Wind*, 1939) beim Barbecue mit ihrem Fächer wedelt. Der Bleistift entspricht dem Dreizack der Victoria auf der Siegessäule, mit dem sie die Männer aufspießt. Natürlich ist der Stift auch eine Phallus-Trophäe, und Melanie weiß genau, was man damit macht.

Fast alles, was bei diesem Pas de deux in der Eröffnungsszene gesagt wird, ist Lüge: Für Hitchcock sind Täuschung und Liebe untrennbar miteinander verbunden. Was ich an dieser Szene besonders schätze – und auch bei vielen anderen großen Filmemachern beobachten konnte –, ist die Kunstfertigkeit, mit der die sexuellen Anziehungskräfte als ständiges Aufwallen unterhalb der sprachlichen Ebene dargestellt werden. (Und wegen dieser nonverbalen sexuellen Ebene halte ich beispielsweise rhetorische Formeln wie »Nein heißt immer nein«, wie sie in der Debatte um Vergewaltigung bei Verabredungen gebraucht werden, für nutzlos.) Für den ausgesprochen visuell empfindenden Hitchcock verhüllen Worte mehr als sie enthüllen.

Die Spötteleien in dieser Szene erinnern mit all den Finten und Paraden an einen Fechtkampf und zeigen bestimmte Grundstrukturen des Liebeswerbens, die sich sowohl bei den Menschen als auch in der Tierwelt finden. »Es soll da verschiedene Arten« von Liebesvögeln geben, darin sind sich Mitch und Melanie einig. Diese anscheinend harmlose Feststellung lässt sich auf das gesamte Werk Hitchcocks beziehen – von den konventionellen, aber verbotenen oder zumindest mühsamen heterosexuellen Beziehungen in *Psycho*, *Jung und Unschuldig* (*Young And Innocent*, 1937) und *Rebecca* über die homoerotischen Beziehungen in *Cocktail für eine Leiche* (*Rope*, 1948) und *Der Fremde im Zug* bis hin zu den inzestuösen Verbindungen zwischen Mutter und Sohn in *Psycho*, die auch in *Die Vögel* anklingen.

Mitch erklärt, dass er die Vögel für seine kleine Schwester benötige, und es wirkt prüde, wenn er deshalb Vögel verlangt, die »nicht ununterbrochen schnäbeln«, weil sie sonst für ein kleines Mädchen ungeeignet seien. Diese Einschränkung klingt, als zitiere er sarkastisch die Erziehungsregeln seiner konservativen Elterngeneration, wodurch sich die Unterhaltung noch mehr sexualisiert. Ähnlich wirkt auch seine Bemerkung über die Mauser, die Melanie kunstvoll als »eine besonders gefährliche Zeit« bezeichnet. Sie regt unsere Vorstellungskraft an, den Begriff der Mauser von Vögeln, die ihre Federn verlieren, auf Menschen zu übertragen, die ihre Kleider abwerfen. Ein ähnlich doppelbödiger Austausch ist in der Picknick-Szene in *Über den Dächern von*

Nizza zu hören (in der Grace Kelly beim Auspacken des gebratenen Hähnchens Cary Grant fragt, ob er »das Bein oder die Brust« haben möchte). Hitchcock mochte diese Szene so sehr, dass er sie von Tippi Hedren bei den Probeaufnahmen für *Die Vögel* nachspielen ließ.

Obwohl Melanie die Namen der Vögel in den Käfigen durcheinander bringt, da sie offensichtlich keine Ahnung von Vögeln hat, bleibt sie bei ihrem Flirt mit Mitch kühl und gelassen. Ihre Augen sind weit geöffnet und ihr Kopf ist ansprechend geneigt – bis Mitch seine Hand ausstreckt und nach einem Kanarienvogel verlangt. Jetzt wirkt Melanie zum ersten Mal in diesem Film verlegen: Unbegreiflicherweise gibt sie der ungewöhnlichen Forderung nach und verliert dabei die Kontrolle über die Unterhaltung. Sie rammt den Bleistift in ihr Haar, so dass der herausragende Stiel wie der Pfeil Amors wirkt, der das Ziel getroffen hat (aber auch einen späteren Schlag gegen ihre Stirn vorwegnimmt). Dann öffnet sie ungeschickt den Käfig und steckt ihre Hand hinein. Genauso falsch schätzt sie in einer späteren Szene das Risiko ein, als sie die Tür zum Zimmer im Dachgeschoss öffnet, in dem es von Vögeln wimmelt. Natürlich entkommt der Kanarienvogel aus dem Käfig, verfolgt von der jetzt hilflosen Melanie und der aufgeregten Eigentümerin des Ladens, beides Karikaturen verwirrter Weiblichkeit. (In der Handlungsstruktur bildet die Ladenbesitzerin die Parallele zur alternden Lydia, die ebenfalls durch die im Haus herumflatternden Vögel die Fassung verliert.) Der erfindungsreiche Mann rettet die Situation, indem er nonchalant seinen Hut über den Vogel wirft, als dieser sich auf einem Aschenbecher niederlässt.

»Zurück in den goldenen Käfig, Melanie Daniels!«, sagt Mitch zu dem Vogel (eine Zeile, die Hitchcock während der Dreharbeiten einfügte), als er ihn durch die Käfigtür schiebt. Das Spiel ist vorbei, und Melanie ist geschockt und wütend, weil er sich über sie lustig gemacht hat. Wenn Melanie der Kanarienvogel ist, dann ist der Hut die gefängnisartige Institution der Ehe, die sie wie auch Mitch bisher vermieden haben.

»Woher kennen Sie meinen Namen?«, schimpft sie und fügt hinzu: »Sie sind ein Scheusal!« Ihr flötender Tonfall und ihr makelloses Benehmen sind verschwunden. Es ist interessant zu beobachten, dass sich Melanie wie eine richtige Verkäuferin verhält und sogar den rauen Slang der Straße übernimmt, sobald sie wieder sie selbst ist. Allerdings war die Wirkung dieser Szene um 1963 sehr viel größer. Damals hatte die sexuelle Revolution noch nicht voll eingesetzt, die die Frauen meiner Generation dazu brachte, das sittliche Empfinden der Mittelklasse abzuwerfen und wie Matrosen zu fluchen.

Mitch, ein Strafverteidiger, hatte einmal erlebt, wie sich Melanie bei einer Anhörung selbst verteidigte. Sie hatte einen ihrer »Streiche« gespielt, der zur Folge gehabt hatte, dass eine Schaufensterscheibe – eine Grenze wie die zwischen Menschen und Tieren in der Tierhandlung – zu Bruch ging. Der Vorfall ermöglicht uns einen Blick auf Melanies unbekümmertes Leben als vergnügungssüchtiges Kind reicher Eltern mit jeder Menge Zeit. »Der Richter hätte Sie dafür einsperren müssen«, sagt Mitch gelassen. Damit deutet er an, dass sie aufgrund ihres Geschlechts oder ihrer gesellschaftlichen Stellung mit nicht zu rechtfertigender Milde behandelt worden sei. Der in den Käfig zurückgesetzte Kanarienvogel muss also die Gefängnisstrafe für sie absitzen. Das zerbrochene Schaufenster wird Melanie bis zur Szene in der Telefonzelle verfolgen, wenn überall um sie herum die Glasscheiben bersten. Und der Lärm einer zerbrechenden Fensterscheibe beim Hauptangriff auf das Brenner-Haus wird so dramatisch klingen wie der Beckenschlag, der den Schuss des Attentäters in *Der Mann, der zu viel wusste* (*The Man Who Knew Too Much*, 1956) übertönte.

»Auf Wiedersehen vor Gericht!«, sagt Mitch provokativ, setzt theatralisch seinen Hut auf und schlendert davon. Er hat ihr in diesem Krieg der Geschlechter den Fehdehandschuh hingeworfen. Wie in »Liebende Frauen« von D. H. Lawrence streben Männer und Frauen auch hier nach der Vorherrschaft. Das Gericht, das Melanie später tatsächlich bestraft, ist das hohe Gericht der

Natur: das Boot, die Telefonzelle und der Speicher symbolisieren Zeugenstand und Hinrichtungskammer. Aber auch Ehen werden vor Rechtsinstitutionen geschlossen. Mitch verspottet Melanie mit demselben koketten Wagemut wie der raue Petruchio, der die widerspenstige Catharina mit der scharfen Zunge in »Der Widerspenstigen Zähmung« umwirbt.

»Wer war dieser Mann?«, fragt Melanie empört – als sei Mitch der einsame Westernheld, der eben aus der Stadt galoppiert. Die Kamera ist auf sie gerichtet und vollführt eine von Hitchcocks sanften Zoombewegungen auf sie zu, so dass wir ihren innersten Gedanken nahe kommen. Plötzlich entfaltet sie hektische Aktivität und verfolgt Mitch auf klappernden Stöckelschuhen die Treppe hinunter. Die gesetzten Matronen im ersten Stock schrecken auf, als sie vorbeirennt. Wieder werden zeitgenössische weibliche Anstandsregeln verletzt. Eine außerordentlich lange Filmsequenz beginnt: die Pirsch auf Mitchell Brenner, bei der Melanie die Rolle der sexuellen Aggressorin spielt. Hitchcock lässt sie in diesem Energiefeld wie eine Walküre schweben – bis zu dem Augenblick, in dem sie im Boot von einer Möwe angegriffen wird und die sexuelle Führung wieder auf Mitch übergeht.

Melanie als »Privatdetektivin«

Die Szene, in der Melanie das Kennzeichen von Mitchs Auto notiert, während der Wagen davonfährt (wobei erneut die Glocke der Straßenbahn bimmelt), ist einer meiner Lieblingsmomente im Kino. Sie greift nach einem Telefon, wählt mit dem Bleistift, um ihre Fingernägel zu schonen, und überredet den Lokalreporter einer Tageszeitung, die Daddy gehört, ihr einen Gefallen zu erweisen (ganz offensichtlich nicht zum ersten Mal). »Charlie, so etwas traust du mir doch nicht zu!«, schnurrt sie verführerisch, wobei sie mit dem phallischen Bleistift und der Nabelschnur des Telefons spielt. Ihre Stimme klingt atemlos und imitiert eine Kinderstimme (erahnen wir doch in diesen honigsüßen Vokalen die Geburt von Melanie Griffith!). Sie setzt ihren ganzen weiblichen Charme und ihre Familienprivilegien ein, um widerrechtlich vom Registraturamt für Kraftfahrzeuge Mitchs Privatanschrift in

Erfahrung zu bringen, damit sie sich an ihm für den Streich rächen kann, den er ihr spielte. Hier wird sie eindeutig zur Privatdetektivin oder Kriminalkommissarin, Funktionen, die in Hitchcocks Filmen normalerweise von Männern besetzt werden.

An dieser Szene gefällt mir besonders, dass sie sehr genau zeigt, wie sich schöne Frauen im Leben durchzusetzen wissen. Männer werden in ihren Händen weich wie Wachs. Als ich *Die Vögel* zum ersten Mal sah, wurde das Leben an den meisten amerikanischen High-Schools von blonden Schönheiten beherrscht, eine Tyrannei, die ich damals als gottgewollt ansah. Melanie Daniels ist zutiefst überzeugt, dass ihr alles zustehe – wie alle schönen Menschen, die ganz oben schwimmen und die man von der Stoa in Athen über die Höfe in Florenz und die Salons in Paris bis hin zur Disco in New York trifft. Von der Natur werden sie beschenkt, aber die Natur beraubt sie auch wieder.

»Haben Sie Sperlingspapageien?«, ruft Melanie der Geschäftsfrau zu, die in ihrer altersbedingten Distanziertheit mit nicht geringem Erstaunen dieses doppelbödige Manöver beobachtet hat. Die Szene endet damit, dass Melanie in verschwörerische Gedanken versinkt, wobei ihre Augen unruhig hin und her wandern und ihr Gesicht in erotischer Vorfreude glüht. Ein kurzer und amüsanter Schnitt zeigt Melanie am nächsten Morgen, als sie die heiß ersehnten Sperlingspapageien in ihrem Käfig durch die Haustür in Mitchs Wohnblock trägt. Wir sehen nur ihre braunen Pumps und die farblich zur Handtasche passenden Handschuhe sowie den schweren Saum ihres luxuriösen, langen Nerzmantels. Als sie den Fahrstuhl betritt, schwenkt die Kamera auf den einfachen dunkelblauen Anzug eines neugierigen Liftbenutzers und folgt dann seinem abschätzenden Seitenblick auf Melanie, die ihr Gesicht mit unergründlichem Lächeln hochnäsig abgewandt hat.

Hitchcock beschäftigt sich ausgiebig mit dem Kontrast zwischen der nüchternen Uniform des Geschäftsmannes und dem prächtigen Gefieder der sich zur Schau stellenden Frau – das genaue Gegenteil der Tierwelt, in der sich die Männchen zur

> **Verschwörerische Gedanken**

Schau stellen und die Weibchen eine langweilige Tarnung brauchen, um ihre Jungen vor Raubtieren zu schützen. Hitchcock genießt das Mysterium der sexuellen Differenzierung: Er weiß, dass die Geschlechter trotz aller gesellschaftlicher Überschneidungen von Natur aus Extrempole bilden und ständig auseinander streben.

Melanies Kleidungswechsel ist wichtig. Am Vortag war sie die einzelgängerische unverheiratete Frau und trug strenges winterliches Schwarz. Ihre maßgeschneiderte Bolerojacke mit den dreiviertellangen Ärmeln, zu der sie lange schwarze Handschuhe trug, hatte einen Mandarinkragen und erinnerte damit an eine Priestersoutane – wie Montgomery Clifts Kleidung in Hitchcocks *Ich beichte* (*I confess,* 1953). Heute jedoch befindet sie sich auf einer romantischen Mission; sie trägt Frühlingsfarben wie Hellbraun und Pastellgrün, als wolle sie ein Zeichen der Fruchtbarkeit setzen. Außerdem ist ihr grünes Kleid auf das Grün der Sperlingspapageien abgestimmt, deren Köpfchen ein zinnoberrotes Farbhütchen tragen. Auch Melanies Stirn wird im Boot in der Bodega Bay ein Taufmal aus rotem Blut erhalten. Ihr luxuriöser Pelzmantel symbolisiert die Herrschaft des Menschen über die Natur, aber auch die wirtschaftliche Macht der Männer in der Gesellschaft. Frauen werden von den Männern seit Menschengedenken als Tribut an ihre Schönheit mit Pelzen und Juwelen überhäuft. Die verwöhnte und parasitäre

Melanie ist ein erlesenes Kunstprodukt der Hochkultur. Sie ist buchstäblich ein wandelndes Kunstwerk.

Ohne Rücksicht auf das Wohlergehen der Vögel stellt Melanie den Käfig vor Mitchs Tür ab und heftet einen Zettel daran. Der neugierige Nachbar muss sie förmlich darauf hinweisen, dass Mitch über das Wochenende verreist ist. Mit einem Ruck schrickt sie aus ihrer sexuellen Benommenheit auf und wird wieder ganz zur Geschäftsfrau. Der Mann betrachtet sie jetzt noch abschätzender als im Fahrstuhl und plaudert indiskret Details über Mitchs Leben und Gewohnheiten aus – er erwähnt Mitchs regelmäßigen Wochenendtrip nach Bodega Bay, um seine Familie zu besuchen, und nennt die Entfernung: »Oben an der Küste, ungefähr 60 Meilen von hier. Eineinhalb Stunden Autobahn, und wenn Sie die Küstenstraße nehmen zwei Stunden.« Es ist, als würden die Regeln der Ethik schon durch ein geringes Maß an sexueller Anziehung automatisch außer Kraft gesetzt.

Der nächste schnelle Schnitt zeigt uns erneut die Sperlingspapageien auf ihrem Weg ans Ziel. Ihr Käfig steht auf dem Boden vor dem Beifahrersitz in Melanies Sportwagen, ein teures und sehr seltenes Aston-Martin-Kabriolett. Nebeneinander hocken sie auf der Sitzstange und schwingen hin und her, während Melanie den Wagen über die lange, gewundene und landschaftlich schöne Küstenstraße steuert. Diese Szene ist amüsant, weil die Vögel so geduldig und aufmerksam scheinen, obwohl sie die malerische Landschaft gar nicht sehen können. In diesem Augenblick sind sie Melanies Schoßtiere (wie Hitchcocks Hunde) und schwingen in den Kurven in treuer Synchronisation mit den Zentrifugalkräften hin und her. Wir sehen sie neben Melanies spitzem Schuh, der auf das Gaspedal drückt – und auch hier zeigt sich nicht nur erneut Hitchcocks Ergötzen an hohen Absätzen, sondern auch seine leise Furcht vor energisch auftretenden Frauen.

Melanie empfindet eine aggressive Freude daran, den Wagen mit Höchstgeschwindigkeit in die Kurven zu jagen, während der Wind gegen ihr Gesicht peitscht und den um ihr Haar gewickel-

Links: Bereits bei der ersten Begegnung zwischen Melanie und Mitch sorgt ein Vogel für Aufregung

Auf der Küstenstraße

ten Chiffonschal aufbläht. Auch Grace Kelly zeigt sich in *Über den Dächern von Nizza* als extravagante Fahrerin. In dem Film rast sie, während sich Cary Grant mit weißen Fingerknöcheln festklammert, mit quietschenden Reifen über eine Küstenstraße – dieselbe Straße übrigens, auf der die spätere Fürstin von Monaco bei einem mysteriösen Autounfall, in den kein weiteres Fahrzeug verwickelt war, ums Leben kommen sollte. Aber Melanie Daniels ist frei wie ein Vogel: Sie fährt allein und amüsiert sich über ihre Pläne, sich in alles einzumischen. Tippi Hedren bietet einen fantastischen Anblick, während sie die Gänge wechselt und ihre Hände in den rehfarbenen Handschuhen auf dem Steuerrad liegen. Was könnte die Befreiung der modernen Frau besser zum Ausdruck bringen als eine elegant gekleidete Dame, die in einem Roadster durch die offene Landschaft rast? Durch Aufnahmen aus der Luft, die den Wagen auf der verlassenen Straße zeigen, werden Melanies Unabhängigkeit und Mut noch stärker dramatisiert.

Bevor der Ford Mustang 1964 auf den Markt kam, genossen vor allem Männer das Privileg, einen Sportwagen zu steuern; die Szene war also wagemutig und aufregend. Völlig zu Recht vergleicht Robin Wood Melanies Fahrt nach Bodega Bay mit Marions Fahrt zum Bates-Motel in *Psycho*.[42] Aber Marion ist eine nervöse Fahrerin und gerät außerdem zu ihrem Unglück in einen Regensturm. Sie teilt Hitchcocks Angst vor dem Fahren, das zu erlernen er sich weigerte, angeblich deshalb, weil er vermeiden wollte, von der gefürchteten Polizei Strafzettel zu bekommen (vgl. hierzu den Verkehrspolizisten, der in *Psycho* auftaucht). Im Unterschied zu Marion, die wir auf der Flucht beobachten, betont Melanie mit ihrem Fahrstil ihre kämpferische Persönlichkeit. Insofern gleicht sie eher Germaine, Cary Grants korpulenter Haushälterin in *Über den Dächern von Nizza*, die »einen deutschen General mit bloßen Händen erwürgt« hat und die Polizei in einer wilden Verfolgungsjagd durch die Hügel der Riviera führt.

Elizabeth Weis betont in ihrem hervorragenden Buch über die Soundtracks der Hitchcock-Filme, dass sich der Film *Die Vögel* sehr stark auf Klangeffekte stützt, obwohl er in dieser Hinsicht qualitativ nicht sonderlich hervorragt. Weis sieht jedoch in den Klangeffekten »eine logische Konsequenz der kreativen Entwicklung Hitchcocks« seit *Psycho*, in dem Bernard Herrmanns kreischende Violinen bei Marions Ermordung Normans Vögel nachahmen. Weis preist Hitchcocks Gewohnheit, Ton und Bild voneinander zu trennen, und meint: »Gewöhnlich sehen wir bei einem Hitchcock-Film eine Sache, hören aber gleichzeitig etwas anderes.«[43] Wenn wir diese Aussage auf Melanies Fahrt nach Bodega Bay übertragen, wird uns auch klarer, warum wir ihren Wagen zu hören bekommen, bevor wir ihn in dem gewaltigen Panorama entdecken können. Die quietschenden Reifen vermitteln uns, dass sie süchtig nach Nervenkitzel ist. Weis bezeichnet die Geräusche der Gangschaltung, die Melanie verursacht, als mechanische Geräusche, die zeigen sollen, dass Melanie selbst »kalt und mechanisch« sei. Diese Behauptung möchte ich ein wenig modifizieren: Melanie behandelt andere Menschen und Situationen so, als seien sie mechanisch.

Ankunft in Bodega Bay

Die Vogelperspektive zeigt Bodega Bay mit dem von winzigen Booten gefüllten Hafen, den sanft gewellten grünen Wiesen und grasenden Kühen. Die Landschaft wirkt so still und ruhig wie ein Gemälde von Constable. Melanie nähert sich dem Ort über den malerischen Umweg der Bay Hill Road.[44] Sie steuert den Wagen in die Ortsmitte und bringt ihn mit aufheulendem Motor zum Stillstand. Die Einheimischen drehen die Köpfe und starren sie an. In diesem geschäftigen Fischerdorf mit seinen unförmigen und alten Fahrzeugen ist sie völlig fehl am Platz. Sie hält zunächst vor Brinkmayers Gemischtwarenhandlung an, in der Lebensmittel, Haushaltswaren und Hundemarken verkauft werden, die aber zugleich auch als Postamt dient. Damit beginnen beide Hauptteile des Films *Die Vögel* in Läden. Hitchcock betrachtet Läden als Einrichtungen, in denen sich Kuriositäten häufen, ähnlich wie im Britischen Museum in *Erpressung*.

Als Melanie die Tür des mit Waren völlig überfüllten Krämerladens öffnet und eintritt, hören wir erneut das Läuten einer

Glocke (Echo der jesuitischen Erziehung Hitchcocks?). In ihrem üppigen Pelzmantel wirkt sie wie eine Traumerscheinung, eine goldene Göttin, die in ihrem himmelblauen Streitwagen auf die Erde niedergefahren ist. Der großväterliche Ladenbesitzer spricht im Dialekt von Vermont, ein Akzent, der eigentlich zu *Immer Ärger mit Harry* (*The Trouble With Harry*, 1955) gehört – ein schwerer Fauxpas der Regie in diesem Film. Er reagiert zunächst grob und einsilbig, doch taut allmählich mit verzauberter Schüchternheit auf. Er starrt sie an wie die Stadtältesten von Troja die unvergleichliche Helena, für die sie die Stadt opfern würden. Hier wird Melanie wieder zur Detektivin und fragt den Mann ausführlich nach Mitchs Adresse aus. Als er über die Bucht hinweg auf das Haus der Brenners deutet, hört sie ihn zu ihrer Verärgerung von Lydia Brenner und den beiden Kindern reden – und fürchtet, dass Mitch bereits verheiratet sei. Aber nein, die »Kinder« sind Mitch und seine Schwester. Ihr Altersabstand beträgt zwar beinahe eine Generation, aber im Ort werden sie immer als »die Kinder« angesehen, was nahe legt, dass Mitch an seine Mutter gebunden und zum Teil noch immer in seiner Kindheit befangen ist.

Der Inhaber des Krämerladens deutet auf das Haus der Familie Brenner auf der anderen Seite der Bucht

Als Melanie aus einer Laune heraus beschließt, mit einem Boot über die Bucht zu setzen und Mitch zu überraschen, fragt der Ladenbesitzer skeptisch: »Können Sie denn mit einem Motorboot umgehen?« Sie antwortet leichthin: »Natürlich!« Während er telefoniert, um ein Boot zum Kai bringen zu lassen, bricht ein Streit über den Namen des kleinen Mädchens der Familie Brenner aus. Er ruft ins Hinterzimmer, von wo ihm eine rauhe, quäkende männliche Stimme antwortet. Amüsanterweise bleibt die Person unsichtbar. »Alice heißt sie, nicht wahr?« – »Nein, Lois«, kommt die Antwort. Aber beide haben Unrecht. Namen bleiben ungewiss und vergänglich, wie die sich auflösende Titelschrift des Films. In beiden Szenen in den Läden, sowohl in San Francisco als auch in Bodega Bay, kommt es zu Fehlbenennungen von Vögeln oder Frauen, die in dem Film häufig wie eine einzige Kategorie kapriziöser Wesen behandelt werden.

Beide Szenen enden mit einem kostenlosen Telefongespräch, bei dem jemand um einen Gefallen gebeten wird, und zeigen eine Melanie, die wie eine Königin daran gewöhnt ist, dass Männer ihr helfen, sie unterstützen und ihr dienen. Während des Telefongesprächs steht Melanie neben einem Regal, auf dem sich die Gehäuse von Meeresschnecken befinden – rosafarbene weibliche Genitalien in der Nähe ihres Ohres, die ihr vielleicht die Botschaft der Natur zuraunen.

Der Ladenbesitzer verweist Melanie an eine höhere Autorität: Annie Hayworth, die Lehrerin, die hier als Orakel fungiert. Melanie verlässt den seltsamen Laden, dessen Räume so verwinkelt sind wie der dunkle Laden des strickenden Schafs in Lewis Carrolls »Alice hinter den Spiegeln« (der sich schließlich in ein Ruderboot verwandelt). Sie fährt zu Annies Haus hinauf. Vor dem alten viktorianischen Schulhaus bleibt sie kurz stehen. Es ragt auf wie das gespenstische Herrenhaus der Bates in *Psycho* (das Hitchcock wegen seiner gotischen Verzierungen als kalifornisches Lebkuchenhaus bezeichnete).[45] Über der Tür hängt ein Schild mit Großbuchstaben: BODEGA BAY SCHOOL. Es ist mir zur Gewohnheit geworden, an dieser Stelle des Films immer laut zu intonieren: »Wir alle gehen in Bodega Bay zur Schule!« Das ist so etwas wie mein persönliches Glaubensbekenntnis und zugleich eine Bestätigung des heidnischen Aberglaubens.

Annie Hayworth

Melanie gibt mit durchdrehenden Rädern Gas, dass der Kies durch die Luft spritzt, und hält vor Annies Gartenzaun. Sie stolziert zur überdachten Haustür, läutet (noch eine Glocke) und vernimmt erneut eine körperlose Stimme. »Wer ist da?«, ruft Annie aus dem Garten, wo sie mit Umgraben beschäftigt ist. »Ich«, antwortet Melanie mit kindlichem Solipsismus, als befinde sie sich wieder im Klassenzimmer. Die Lehrerin erscheint mit schmutzigem Gesicht und bietet aus einer zerdrückten Packung eine Zigarette an – ein Austausch wie zwischen zwei Soldaten im Grabenkampf der Geschlechter.

Suzanne Pleshette spielt Annie mit wunderbar ironischer Unbekümmertheit und leichtem Weltüberdruss. »Diese Gartenarbeit lässt einen nicht los, wenn man einmal dabei ist«, sagt sie in breitem Akzent, wobei sie ein wenig wie die ständig qualmende Billie Whitelaw (»die Venus des denkenden Mannes«) in *Ein erfolgreicher Blindgänger* (*Charlie Bubbles,* 1968) klingt, die sich mürrisch aus dem Bett schleppt, um Albert Finney ein chemiefreies Bauernfrühstück zu bereiten. Durch Tonfall und Vokabular vermittelt Annie den Eindruck, dass sie eine gebildete Stadtbewohnerin ist, die in Bodega Bay festsitzt. Mit ihren maskulinen, undefinierbaren grauen Hosen und Schuhen macht sie einen leicht verwahrlosten Eindruck, aber ihr lebhafter roter Pullover und ihr Briefkasten (auf dem der Name des Filmstars Hayworth prangt) signalisieren eine vibrierende weibliche Sexualität, natürlicher und intensiver als die der kühlen Melanie, die vor allem ein Spiel betreiben will.

Pleshette und Hedren verstehen es hervorragend, die delikate Abfolge des gegenseitigen Taxierens, der misstrauischen Neugier und der aufblühenden Konkurrenz zwischen der brünetten Annie und der blonden Melanie darzustellen. Als ich diese bemerkenswerten Szenen aus tiefster Überzeugung lobte, antwortete Tippi Hedren zu meiner Überraschung: »Sie sind eine der wenigen, die das überhaupt erwähnen.« Über die Arbeit mit der damals verhältnismäßig unbekannten Pleshette (die Hitchcock ebenfalls im Fernsehen entdeckt hatte) sagte sie: »Wir haben es beide genossen! Es war sehr interessant, diese kleinen Szenen zu spielen, die so voller Spannung sein mussten. Es war sehr schwierig.«

»Sind Sie eine Bekannte von Mitch?«, fragt Annie spitz, nachdem sie den eigentlichen Namen seiner Schwester, Cathy, verraten und sarkastisch Zweifel an der Qualität des von Männern geleiteten lokalen Postwesens geäußert hat. Jetzt beginnt auch

Annie damit, Detektivin zu spielen, und ihr entgeht nichts. Wie schon in der Szene im Laden, kann auch hier das Drehbuch nicht das vermitteln, was die Kamera zeigt: die feinen Veränderungen im Mienenspiel auf Annies Gesicht, die hinter der beiläufigen Unterhaltung heftige Empfindungen zum Ausdruck bringen. Hitchcock hält hier dieselben Machenschaften und Revieransprüche fest, die Oscar Wilde in der Teetischszene des Stücks »Bunbury oder Die Bedeutung ernst zu sein« so humorvoll übertrieben darstellte, als sich Gwendolyn und Cecily über einen sprunghaften Verlobten streiten. Hitchcock zeigt, dass sexuelle Macht, auch wenn sie durch gesellschaftliche Normen vermittelt wird, letztlich dem natürlichen Machtwillen entspringt. Seine weiblichen Figuren verfügen immer über Geschick und Instinkt zugleich.

Die »Liebesvögel« zwitschern, als sich Annie in den Wagen lehnt. Registrieren sie wie Geigerzähler ihre heimliche Liebe zu Mitch, oder wollen sie Annie gar warnen, dass sie zwei Tage später genau hier sterben wird? Annie begreift sofort die Bedeutung dieses Geschenks: »Alles Gute, Miss Daniels«, sagt sie mit formvollendeter Höflichkeit. Melanie nimmt den Wunsch gleichermaßen altmodisch-förmlich entgegen und rauscht in ihrem Auto davon. Sie ist der Ritter, der sein Glück versuchen will und sich aufmacht, um das Burgfräulein zu umwerben. Der umworbene Mann ist jetzt nichts weiter als ein Punkt auf der weiblichen Tagesordnung.

Melanie hat nun alle Informationen, die sie braucht, und kehrt in den Ort zurück. In einer Reihe von knappen Hitchcock-Schnitten sehen wir, dass sie (mit der linken Hand) auf der Motorhaube ihres Autos eine offensichtlich gerade gekaufte Karte für Cathy schreibt und dann zum Kai fährt, wo das Motorboot bereitsteht. Aus der Ferne sind warnende Vogelstimmen zu hören, als sie den Wagen neben einem türkisfarbenen Ford Pick-up parkt, der übrigens auch schon in mittlerer Entfernung im Bild auftauchte, als sie zum ersten Mal einen Blick über die Bucht auf das Brenner-Haus warf. Der Pick-up sieht Lydia Brenners Ford ähnlich, doch scheint es sich nicht um dasselbe Fahrzeug zu handeln. Wie auch immer: Das Nebeneinander des Lastwagens und des Sportautos scheint zu signalisieren, dass sich die Wege der beiden Frauen bald kreuzen werden. Zwei Arbeiter schauen ihr nach, als sie mit dem Vogelkäfig in der Hand an einer Reihe von Krabbenfallen vorbeigeht – die Fallen erinnern uns daran, dass auch sie ihre Fallen für Männer auslegt. Sie plaudert mit dem vom Wetter gegerbten Bootsführer, der eine Schiffermütze trägt (auch Hitchcocks Vorfahren waren Fischer), und wir können die Namen mehrerer Yachten im Hafen erkennen, vor allem »Frolic«, ein Name, der Melanies oberflächliche Lebenshaltung zu beschreiben scheint. Zwei weitere Bootsnamen sind weiblich (»Maria« und »Donna«, wie in Madonna?) und entsprechen einer der allegorischen Traditionen des Lebens am Meer, wonach Schiffe mit weiblichen Namen personifiziert werden.

Hitchcock während der Dreharbeiten auf dem Bootsanleger vor dem Brenner-Haus

Bootsfahrt

Der verblüffte Bootsführer schüttelt den Kopf, während er Melanie hilft, die Holzleiter in das kleine Boot hinunter zu steigen. Er reicht ihr den Vogelkäfig, als sei er ein Lakai, der einer Dame in die Kutsche geholfen hat und ihr nun den Muff hineinreicht. Ohne Mühe wirft er den Motor an und blickt ihr nach, als sie unbekümmert ablegt. Als ich Hedren fragte, ob sie zuvor schon Erfahrungen mit Motorbooten gesammelt hatte, antwortete sie lachend: »Nein, niemals!« Sie habe aber »Natürlich!« geantwortet, als ihr diese Frage von der Filmcrew während der Dreharbeiten gestellt wurde. »Ich habe nur einfach die Antwort gegeben, die Melanie im Drehbuch gibt. Ich musste so tun als ob!«

Die Außenaufnahmen, die Melanie bei der Bootsfahrt über die Bucht von Bodega zeigen, sind von künstlerisch hoher Qualität. Wir sehen sie im Profil, während das Boot wie eine Haiflosse durch das stille Wasser schneidet. Dann wieder betrachten wir ihr Gesicht direkt von vorne, und im Hintergrund ist der Ort zu erkennen, der vom Schulhaus beherrscht wird, das viel größer wirkt als jede Kirche. (Gott spielt in diesem Film ebenso wenig eine Rolle wie in du Mauriers Erzählung.) In dem unheimlichen, künstlich gedämpften Licht gleitet Melanie mit übernatürlicher Gelassenheit dem Ziel ihres Auftrags entgegen. Eine Frau im Pelzmantel und mit Vogelkäfig in einem Boot – es könnte sich ebenso gut um ein surrealistisches Gemälde von Dalí oder Magritte handeln.

In archetypischer Hinsicht wirkt die Szene hypnotisch und beunruhigend zugleich. Auf der glatten Wasseroberfläche wird Melanie zur »Lady of the Lake« oder zu einer jener düsteren, verschlossenen Femmes fatales, die im Zusammenhang mit Booten oder Schiffen dargestellt werden – Acrasia bei Spencer, die »Witch of Atlas« in der gleichnamigen Märchendichtung Shelleys oder auch Gene Tierney als psychopathische Mörderin mit Sonnenbrille in *Todsünde* (*Leave Her to Heaven*, 1945). Hedren strahlt am Steuerruder eine unbekümmerte, etwas überheblich wirkende Freundlichkeit aus, aber auch ein vornehmes, unverkrampftes Machtbewusstsein.

Als Melanie in Sichtweite des Brenner-Hauses kommt, drosselt sie den Motor und beobachtet, was an Land vor sich geht. Mitch verabschiedet sich gerade von seiner Mutter und seiner Schwester, die im türkisfarbenen Pick-up zur Ortschaft fahren wollen. Während sich Mitch zur Scheune hin entfernt, paddelt Melanie in Richtung Ufer. Das Thema dieser Szenen ist zwar die romantische Intrige, aber die verwendete Bildersprache hat eindeutig einen kriegerischen Unterton. Melanie kann hier mit den Soldaten verglichen werden, die am D-Day unter feindlichem Feuer die Klippen der Normandie erstürmten. Sie erreicht den Anlegesteg und wirft das mit einer Schlinge versehene Tau über den Pfahl, was in einem Hitchcock-Film (mit dem immer wiederkehrenden Leitmotiv der Erdrosselung) aussieht, als würde die Galgenschlinge wie ein Lasso über einen Penis geworfen. Sie schleicht mit dem Käfig in der Hand über den Steg auf das Haus zu und könnte ebenso gut eine Terroristin sein, die eine Bombe legen will.[46]

Nie ist sie ohne ihre Handtasche aus Krokodilleder zu sehen. Es handelt sich um eine trapezähnlich geformte Tasche mit Trageband und Schnappverschluss, und eine ähnliche Tasche trägt Hedren auch in der Anfangsszene von *Marnie* mit sich. Die Szene spielt auf dem Bahnsteig, und Hitchcocks Kamera beschäftigt sich dabei so lange mit den verschlungenen Falten des gelben Leders, dass der Eindruck entsteht, es handle sich um eine Vulva. Marnies Tasche symbolisiert sowohl die unersättliche Mutter als auch die gefesselte Psyche der Heldin mit ihrer manischen Angst vor Sex. In *Die Vögel* ist die Tasche jedoch eine Jagdtasche, in die die Beute (der Mann) gesteckt werden soll. Für Hitchcock ist die Vagina das Gefängnis des Mannes, wie übrigens auch für William Blake (in »The Crystal Cabinet«).

Einbruch Auf Zehenspitzen betritt Melanie das Haus; sie begeht Hausfriedensbruch und Einbruch zugleich. Aber sie stiehlt nichts, sondern lässt etwas zurück. Selbstverständlich läutet sie nicht an der Haustür – auch an der Tür von Mitchs Stadtwohnung wollte sie nur still ihren Köder auslegen. Sie bringt das Geburtstagsgeschenk für Cathy und fügt eine für das Kind sicherlich rätselhafte Karte bei, da sie von einer völlig fremden Person stammt. Das Geschenk, die beiden Sperlingspapageien, ist nicht so harmlos, wie es aussieht. Erstens markiert Melanie mit dem Geschenk das Territorium, in das sie unbefugt eingedrungen ist, und verhält sich dabei ähnlich wie ein Rüde, der das Revier eines anderen Rüden mit seinem Urin markiert. Hier allerdings ist das Revier matriarchalisch. Mit ihrer glanzvollen Erscheinung bricht sie in die bescheidene, stickige, typisch amerikanische Atmosphäre ein, die im Innern des Hauses herrscht – wie ein Gutsbesitzer, der unerwartet in das Haus eines Leibeigenen eintritt. Zweitens benutzt Melanie ein Kind als Instrument, um mit Mitch in Kontakt zu kommen, wie sie auch die Vögel als Mittel benutzt. Drittens übt sie Zwang auf ihn aus und manipuliert ihn: Sie hat ihm nachspioniert und muss damit rechnen, dass er darüber verärgert sein wird, lenkt ihn jedoch davon ab, indem sie sich seiner Schwester gegenüber großzügig zeigt, wofür er ihr dankbar sein muss – eine Form von emotionaler Erpressung. Viertens: Vom Gesichtspunkt der Filmhandlung aus betrachtet ist es interessant, dass die ersten Vögel von Melanie selbst in das Haus geschmuggelt werden, als seien sie Mikroben, die sich später zur Pest auswachsen (ein Wort, das Mitch später auch benutzt). Tatsächlich pickt einer der beiden Papageien verärgert an dem Umschlag herum, nachdem sie ihre Mitteilung an Mitch zerrissen und durch die Karte für Cathy ersetzt hatte.

Eine großartige Aufnahme zeigt Melanie, die zum Anlegesteg zurückrennt. Die Kamera folgt ihr kurze Zeit. Ich liebe die Szene, in der sie vom Steg abstößt, indem sie das Paddel gegen die Stegplanken stemmt. Hedren spielt die Szene mit einer Sportlichkeit und Energie, die man auch bei den weiblichen Stars der Filmkomödien der dreißiger Jahre beobachten konnte, von Carol Lombard bis Katharine Hepburn, die immer unverwüstliche Heldinnen spielten.[47] Sie paddelt ein Stück weit hinaus und legt sich, ohne auf ihren Pelzmantel Rücksicht zu nehmen, in hämischer Vorfreude auf den Bauch, um zu beobachten, was nun ge-

Umkehrung der Geschlechterrollen

schieht. Welche Umkehrung der Geschlechterrollen: Sie ist die lauernde Jägerin, die sich in einem Versteck verkriecht; der Mann ist ihre Beute. Mittlerweile läuft Mitch am Ufer auf und ab, nachdem er die Vögel im Haus entdeckt hat. Die im Boot liegende Melanie könnte mit einem Gewehr auf ihn wie auf ein hin und her laufendes Kaninchen schießen.

3 | Die Heldin wird gerupft Als Mitch das Boot erblickt, setzt Melanie sich wieder auf und versucht, den Motor anzuwerfen. Sie muss sechsmal heftig die Startleine reißen. Zögernd und stotternd springt der Motor schließlich an. Das lässt erahnen, dass sich die Zeit dem Ende nähert, in der sie die Ereignisse voll unter ihrer Kontrolle hatte. Und in der Tat fliegen in diesem Augenblick zum ersten Mal krächzende Möwen in das Bild. Mitch rennt ins Haus und kehrt mit einem Fernglas zurück – für die Schlacht oder die Beobachtung von Vögeln. Als er sie erkennt, grinst er vergnügt. Sie strahlt triumphierend und voller Selbstzufriedenheit, während sie das Boot zum Ort zurücksteuert. Diese Szene erinnert mich immer an den Augenblick, in dem Lewis Carrolls Alice neben einer sprechenden Ziege und einem in weißes Papier gekleideten Herrn in einem Zugabteil sitzt und vom Zugschaffner durch ein Fernglas, ein Mikroskop und ein Opernglas betrachtet wird. Als Mitch das Fernglas auf Melanie einstellt, verhält er sich wie Hitch, der Regisseur, dem Frauen rätselhaft und verwirrend erscheinen und der sie über die weiten Ödlande hinweg betrachtet, die zwischen den Geschlechtern liegen.

Mitch springt in den Wagen, durch dessen Kennzeichen Melanie seinen Namen und seine Adresse herausgefunden hat. Er gibt Gas und rast die Straße entlang, die um die Bucht herumführt. Es ist ein Wettlauf zwischen Mann und Frau, jene Art von Wettkampf zwischen den Geschlechtern, die leider seit den Tagen der Atalante aus der Mode gekommen ist (wenn man von der Tennisspielerin Billie Jean King absieht, die den altersschwachen Bobby Riggs vernichtend schlug). Melanie fährt so schnell durch die Bucht, dass sie wie ein Kormoran über das Wasser zu gleiten scheint. Mitch trägt einen weißen Fischerpullover und eine adrette blaue Ascot-Hose (benannt nach der britischen Pferderennbahn). Er gewinnt das Rennen zum Kai in Bodega Bay und erwartet sie dort mit blasierter Genugtuung, eine Hand auf die Hüfte gestützt. In diesem Augenblick befindet sich Melanie auf dem Höhepunkt ihrer Macht, wie Kleopatra, die auf ihrer Barke in den Hafen einläuft. Auf ihrem Gesicht liegt das zweideutige, ironische Lächeln einer Mona Lisa, und ihr korallenroter Lippenstift glitzert wie rote Diamanten. Sie hat ihn überfallen und provoziert und glaubt nun, die Oberhand gewonnen zu haben. Aber das Tageslicht und das Wasser, das wie in einem Gemälde von Manet graugrün und mit violetten Punkten durchsetzt ist, sind deutlich dunkler geworden.

In genau diesem Augenblick, als Melanie ihren Kopf reckt und ihm wie eine Geisha flirtend einen Schmollmund zeigt, stürzt eine Möwe ins Bild und prallt gegen ihren Kopf. Der Vorgang wirkt immer grotesk und schockierend, gleichgültig, wie oft man den Film bereits gesehen hat. Natur und Kultur prallen aufeinander. Der Schlag der Möwe ist der erste Schuss, der in diesem Vogelkrieg abgegeben wird, wie eine Ornithologin später die Ereignisse bezeichnen wird. Hitchcock hat diesen Augenblick mit wunderbarem choreografischem Gespür herausgearbeitet. Melanie schnappt nach Luft (der Schrei der Möwe scheint für sie zu sprechen), sie hebt die rechte Hand zur Stirn und wehrt sich mit einer eckigen Bewegung des linken Arms, die ein wenig an Martha Graham erinnert. Der ganze Vorgang ist so asymmetrisch schön wie eine zufällige Geste in einem Bild von Degas. Der Angriff lässt die gesellschaftlichen Formen zusammenbrechen, wie der unheilvolle, knirschende Riss in der steinernen Balustrade in *Last Year at Marienbad* (1961).

Der erste Angriff

Voller Entsetzen betrachtet Melanie ihre Handfläche. Auf ihrem Gesicht spiegeln sich widersprüchliche Gedanken, als lese sie einen Brief, der schlechte Nachrichten enthält. Dann folgt eine Nahaufnahme ihrer Hand im Wildlederhandschuh. Auf dem Zeigefinger ist ein scharlachroter Blutfleck zu sehen – eine surrealistische Widerspiegelung ihrer rot lackierten Fingernägel. Sie erinnert an die schlafwandelnde Lady Macbeth (»Fort, verdammter Fleck! Fort, sag' ich!«), die ihrer moralischen Schuld gegenübersteht, und zugleich an den von seinem Geschlechtstrieb gequälten Helden in dem Film *Der andalusische Hund* (*Un chien andalou*, 1928) von Luis Buñuel und Salvador Dalí, der angesichts der Ameisen (unkontrollierbares Verlangen) erstarrt, die über seine Hand laufen.

In archetypischer Hinsicht ist diese Szene ein Memento mori: Die grell bemalte Lebedame blickt in den Spiegel, sieht den Totenschädel unter der Haut und kann nun den Blutpreis errechnen, den sie für ihre romantischen Machenschaften zu zahlen haben wird. Der rote Fleck, der ihren Handschuh durchdringt, erinnert auch an *Vertigo*: Kim Novak trägt schwarze Handschuhe, und mit ihrem Finger zeichnet sie genau den Verlauf ihres Lebens: »Hier wurde ich geboren, und hier bin ich gestorben«, sagt Madeleine, als zeichne sie den Weg ihrer eigenen Seelenwanderung nach.

Obwohl die Szene mit dem Angriff der Möwe teilweise auf dem Wasser in der Bucht von Bodega gefilmt wurde, entstanden die Nahaufnahmen von Melanie im Studio. Ihre Verletzungen wurden dann ebenso sorgfältig wie fantasievoll arrangiert. In einem Interview erklärte Hedren:

> Oben im Gerüst hatte man eine Möwenattrappe an einem Draht auf einer schrägen Planke bereitgelegt. Ein Schlauch wurde an einer Art Fahrradpumpe befestigt und durch mein Kleid geführt. Die Friseuse arrangierte mein Haar, das sie sehr stark einsprühte, mit Ausnahme eines kleinen Teils vorne, unter dem das Schlauchende befestigt wurde. Das Ganze wurde mit Filmaufnahmen von einer Möwe synchronisiert, die man auf dem Müllplatz von San Francisco aufgenommen hatte. Als sie

die Möwenattrappe losließen, sauste sie auf mich herab, und im selben Moment betätigten sie die Pumpe, so dass mein Haar hochgeblasen wurde. Das sah aus, als habe mich die Möwe tatsächlich getroffen. Gleichzeitig wurden ein paar kleine Bluttropfen freigesetzt, die eine Verletzung vortäuschten. Ich fand das Ganze sehr clever.[48]

Das delikat über Hedrens Stirn rinnende Blut symbolisiert das Martyrium und ist als Motiv bei Hitchcock schon früh feststellbar. Es erscheint bei Männern in *Jung und Unschuldig* und in *Nummer Siebzehn* (*Number Seventeen*, 1932), während es in *Der Geheimagent* (*The Secret Agent*, 1936) an einer jungen attraktiven Blondine zu sehen ist, die in ein Zugunglück verwickelt wird. Ich vermute, dass dieses Detail durch die erwähnte Traumsequenz in *Der andalusische Hund* inspiriert wurde, in der dem Helden Blut aus dem Mund rinnt. In *Die Vögel* erhält das Blut in Verbindung mit Melanies hochmodischer Kleidung und glitzerndem Make-up eine geradezu sado-masochistische Sinnlichkeit. Ihr verführerischer Gesichtsausdruck kurz vor dem Aufprall der Möwe erinnert außerdem an Grace Kellys einladenden Blick, als sie Cary Grant in *Über den Dächern von Nizza* mit einem heißen Kuss im Hotelkorridor überrascht.

Martyrium

Warum wird Melanie bestraft? Ist der Vogelangriff nur ein Zufall oder ist er Vergeltung nach dem Gesetz des Karma? Hitchcock sagte, Melanie »stellt Selbstgefälligkeit dar – reine Selbstgefälligkeit«.[49] Peter Bogdanovich gegenüber erklärte er: »Das Mädchen ist eigentlich nur ein Nachtvogel, ein Playgirl. Jetzt wird sie zum ersten Mal mit der Wirklichkeit konfrontiert.«[50] In einem Interview mit Hitchcock verglich François Truffaut Melanie mit der abgebrühten Journalistin Constance Porter (Tallulah Bankhead) in *Das Rettungsboot*. Porter »ist am Anfang ein weiblicher Kultursnob und wird im Verlauf der physischen Qualen, die sie erleidet, immer natürlicher und menschlicher«, wobei sie gleichzeitig »die materiellen Werte von sich wirft«, beispielsweise ihre Schreibmaschine und ein Diamantenarmband.[51] Bildlich gesehen ist Melanie Daniels in ihrem Pelzmantel und im Boot gewissermaßen eine Neubesetzung der Rolle der Constance.

In dem Film *Das Rettungsboot*, der in den vierziger Jahren gedreht wurde, sitzt Constance in einem dunkelbraunen Nerzmantel mit modisch breiten Schultern lässig mit übergeschlagenen Beinen im Rettungsboot und raucht eine Zigarette, während die Trümmer des Schiffswracks im Wasser vorbeitreiben. Constance hat zwar Melanies ironische Distanz, nicht jedoch ihr sportliches Geschick: In *Das Rettungsboot* müssen die Männer rudern. Es scheint also, dass Hitchcock im Laufe der Zeit mehr Vertrauen in die athletischen Fähigkeiten seiner Frauenfiguren entwickelte: Die Heldin in *Marnie* (wie auch schon die Heldin von *Jamaica Inn*) kann reiten und mit Pferden über Hindernisse springen. Obwohl Constance »den ganzen irdischen Besitz verloren hat«, wie sie es ausdrückt, ist sie am Schluss des Films geistig mit sich im Reinen. Melanie hingegen endet ironischerweise wie die vom Granateneinschlag schockierte junge Mutter in *Das Rettungsboot*, um die Constance ihren Nerzmantel legt – der mit der jungen Frau verloren geht, als sie sich in ihrem Unglück über den Tod ihres Babys über den Bootsrand gleiten lässt und ertrinkt.

In dem Schreckmoment, den der Angriff der Möwe hervorruft, lassen Mitch und Melanie ihre Masken fallen und vergessen ihren kämpferischen Flirt: Eine Extremsituation ist eingetreten und mit ihr eine neue **Gemeinsamkeit**. Melanie ist geschockt und hilflos und muss sich, wie schon in der Zoohandlung, von einem Mann helfen lassen. Rod Taylor spielt seine Rolle mit der ganzen robusten Kraft, mit der er schon in *Die Zeitmaschine* (*The Time Machine*, 1960) die Mädchen meiner Generation in den Bann geschlagen hatte. Athletisch springt er mit mehreren, genau berechneten Sprüngen über die Planken des Kais und von dort ins Boot. Sie sitzt im Boot, mit ausgestreckten Beinen recht attraktiv halb zurückgelehnt, eine nette Szene, die die Kamera aus erhöhter Perspektive aufnimmt. Mitch legt an und hilft Melanie an Land. Er beherrscht jetzt auf eindeutig maskuline Weise

Mitch kümmert sich um Melanie,
nachdem sie von einer
Seemöwe angegriffen wurde

DIE HELDIN WIRD GERUPFT 61

die Situation und verrichtet Dinge, die sie in ihren hohen Schuhen nicht tun kann. Mit schnellen Kletterbewegungen steigt er die Leiter hinauf, wie die Äffchen im Schaufenster der Tierhandlung. Auch diese Szene erinnert an *Vertigo*, wo James Stewart in eine Bucht in der Nähe der Golden Gate Bridge springt, um Madeleine zu retten.

»So was Verrücktes habe ich noch nie erlebt! Als ob sie absichtlich auf Sie heruntergestoßen wäre!«, ruft Mitch aus und führt damit ein neues Thema ein: die dämonische Bösartigkeit der Natur. »Vorsichtig«, mahnt er Melanie, als sie unsicher die Leiter hinaufsteigt – vielleicht der erste Schritt auf ihrem Rückweg in die Unselbständigkeit der Kindheit. Er rät ihr, sich gegen Tetanus impfen zu lassen. Zu diesem Zeitpunkt hat Melanie bereits ihre Fassung wiedergefunden und kann ihm erklären, dass sie sich im vergangenen Jahr vor einer Auslandsreise eine Spritze hat verpassen lassen. Wir erhalten damit eine weitere Information über ihre bisherige vergnügliche Lebensweise. Das Hafenbüro ist geschlossen. »Bin beim Mittagessen«, steht auf einem Schild, woraus wir für den weiteren Handlungsablauf die Tageszeit ablesen können. Sie gehen den Weg hinauf und kommen am Telefonhäuschen (das später eine verhängnisvolle Funktion übernehmen wird) sowie an einem auf eine Wand gemalten Hinweisschild vorbei: »Sea Food Restaurant«. Unterschwellig wird uns deutlich gemacht, dass auch die Möwe auf ihr Mittagessen aus war und Melanie als ihre Nahrung betrachtet hat.

Das Restaurant »Tides« ist belebt, und als Mitch die unsicher gehende Melanie durch die Tür geleitet, drehen sich alle Gäste zu ihnen um. Er bittet den Wirt um Alkohol und Watte. Der Wirt macht sich darüber Sorgen, dass er für einen Unfall auf seinem Grund und Boden haftbar gemacht werden könnte. Durch dieses Gespräch über einen rechtlichen Aspekt wird Melanie klar, dass Mitch Rechtsanwalt ist. »Deswegen möchten Sie am liebsten alle Leute einsperren?«, neckt sie ihn. Er tupft besorgt das antiseptische Mittel auf ihre Stirn, so lange, dass seine Bewegungen allmählich wie das Picken eines Vogels wirken – wie der Krähe, die später auf den Kopf eines am Boden liegenden Schulmädchens einhacken wird. Mitten im belebten Restaurant genießen sie einen Augenblick der Zweisamkeit. Die Kamera bleibt eng auf Mitch und Melanie gerichtet und dreht sich sogar ein wenig (Nord-Nordwest!), um die Beziehung besser einzufangen, die sich zwischen ihnen entwickelt. Bei ihrer ersten Begegnung hatte er sie dazu gebracht, die Hand in einen Käfig zu schieben; jetzt jedoch kümmert er sich fürsorglich um sie, fast wie ein Krankenpfleger, wie er sich auch um seine verwitwete Mutter kümmert.

An dieser Szene gefällt mir besonders, dass die Bedienung (die muntere Elizabeth Wilson, die hier eine frühe Nebenrolle als Ehefrau des Wirts spielt) ein Fläschchen Peroxid – ein Desinfizierungs-, aber auch Bleichmittel – aus dem offenbar sehr dürftig ausgestatteten Medikamentenschrank des Gasthauses herbeibringt. Mitch hält die Flasche wie ein Zaubermittel in der Hand, während er ihr mit einem Wattebausch die Wunde abtupft. Melanie, die Wasserstoffblondine, scheint aus dem Mittel neue Kraft zu schöpfen; es wirkt auf sie wie eine Bluttransfusion. Das Thema der gefärbten Haare erscheint bei Hitchcock schon frühzeitig in *Der Mieter*, in dem ein Serienmörder Blondinen auflauert. In einer Nachrichtensendung ruft eine junge Frau aus: »Er hat wieder ein blondes Mädchen getötet. Ich jedenfalls werde mein Haar nie mehr mit Peroxid blondieren!« Bei Hitchcock ist Blond eine schöne, aber trügerische Haarfarbe und symbolisiert den weiblichen Mangel an Treue und Vertrauenswürdigkeit. Kaum verspürt Melanie einen Tupfer Peroxid, als sie auch schon ihr Spiel wieder aufnimmt (»Ich finde Sie scheußlich!«, erklärt sie Mitch in erotisch-provozierendem Tonfall). Munter lügt sie weiter und erfindet die Geschichte, dass sie Annie Hayworth seit ihrer Schulzeit kenne. Hitchcock platziert Melanie scherzhaft unter ein Schild mit der Aufschrift »Packaged Goods Sold Here« (Verkauf abgepackter Waren), als sei sie ein kostbar verpacktes alkoholisches Getränk (Lacrimae Christi?) oder eine modisch gekleidete Kurtisane der höheren Preiskategorie (Hinweise auf Waren finden sich auch in *Frenzy*).

Das freundliche Scheingefecht zwischen Mitch und Melanie wird heftiger, wobei er allmählich zum hart gesottenen Anwalt wird, der vor Gericht eine ausweichend antwortende Zeugin ins Kreuzverhör nimmt. Gerade als Melanie fälschlicherweise bestreitet, seinetwegen nach Bodega Bay gekommen zu sein, und erklärt, »Ich mag die Möwen hier nicht«, geht die Tür auf und Mitchs Mutter erscheint, der Oberraubvogel der Gemeinde. Die beiden Frauen mustern sich, eine dunklere, noch intensivere Neuauflage der Begegnung zwischen Annie und Melanie. Mitchs Auto, das in der Nähe des Kais geparkt ist, hat die Aufmerksamkeit seiner Mutter erregt: Wie Melanie hat auch sie ihn mit Hilfe seines Fahrzeugs aufgespürt.

> Mitchs
> Mutter

Wood behauptet, dass Lydia und Melanie sich bemerkenswert ähnlich sehen, ihre Frisuren seien ähnlich hochgekämmt, und dass Lydia so aussehe, wie Melanie »in dreißig Jahren aussehen wird«.[52] Lydia, die nüchterne Matrone, trägt einen einfachen, grau-weiß (wie ihr Haar) gemusterten Wollmantel und einen lehmbraunen Schal, der eigentlich nicht dazu passt. Wood stellt fest, dass Lydia bei der Erwähnung der Sperlingspapageien ähnlich reagiert wie Annie: Offenbar erkennt sie sehr wohl, dass Melanie ausschließlich eine romantische Mission verfolgt. Waren Melanies Lügen offenbar durch das Peroxid neu stimuliert worden, so macht es ihr Mitch nun nach und erzählt ebenfalls eine unverschämte Lüge: Er behauptet, er habe Melanie bereits zum Abendessen eingeladen und setzt damit seine Mutter unter Druck. Die Spannung ist enorm. Mitch grinst boshaft wie eine Cheshire-Katze, während sich die Frauen feindselig wie Tiger anstarren. Melanie, die sich durch Lydias Kälte beleidigt fühlt, verteidigt sich wacker und lehnt ab, von Mitch zum Essen abgeholt zu werden: »Außerdem finde ich den Weg schon alleine«, sagt sie, was man auch als Manifest weiblicher Unabhängigkeit deuten könnte.

In solchen Szenen, in denen es vor unausgesprochener Feindseligkeit prickelt, zeigt sich Hitchcocks enorme Kunstfertigkeit. Es ist ein Krieg bis zum Untergang, ausgetragen in aller Öffentlichkeit, aber nichts davon ist außerhalb des kleinen Kreises der drei Personen zu bemerken. Ein flatterndes Augenlid, die geringste Stimmungsveränderung, eine Antwort, die nur eine winzige Spur Begeisterung vermissen lässt: Hitchcock, der im wirklichen Leben ein notorischer Geschichtenerzähler mit Vorliebe für lange Monologe war, verfügte offensichtlich über eine verblüffende Beobachtungsgabe und über die Fähigkeit, Reaktionen und nichtverbale Hinweise aufzunehmen, die seinen Filmen so große psychologische Überzeugungskraft verleihen.

Von Lydias nachdenklichem Gesicht (das sich wie der Filmtitel auflöst) blendet der Film zu Annies Haus. Melanie steigt gerade die Treppe zum Hauseingang hinauf und drückt (mit dem Daumen) auf die Klingel. Verstohlen streicht sie vor der spiegelnden Scheibe der Glastür ihr Haar zurecht, um ihre äußere Erscheinung nach dem Zwischenfall in der Bucht wieder herzurichten. Annie erscheint und bleibt in der Türöffnung stehen, so dass sie buchstäblich den Eingang blockiert. Als wolle sie den schäbigen Eindruck korrigieren, den sie bei der früheren Begegnung mit Melanie hinterlassen hat, beugt sie sich wie eine amazonenhafte Gallionsfigur leicht nach vorn, die spitzen Brüste aggressiv gegen Melanie gerichtet. Tatsächlich rückt sie mit dieser Bugwelle so weit vor, dass Melanie einen Schritt zurückweicht.

Wie wir später erfahren, hat Melanie, nachdem sie das Restaurant verlassen hatte, im Krämerladen ein strenges Flanellnachthemd gekauft, das sie nun wie ein Schulbrot in einer braunen Papiertüte mit sich herumschleppt. Melanie möchte Annie um einen Gefallen bitten, denn in Annies Fenster hängt ein Schild »Zimmer zu vermieten« – ähnlich wie das Schild, das in *Der Mieter* den mysteriösen Fremden anlockt, der eine gewisse Ähnlichkeit mit einem Vampir aufweist. Melanie behauptet, im Ort sei alles belegt – in der kühlen Jahreszeit nicht sehr wahrscheinlich –, und fragt, ob sie das Zimmer für eine Nacht mieten könne. Annie lehnt zuerst ab, gibt aber schließlich nach und lacht über Melanies zerknittertes Notgepäck (»Oh, das ist praktisch! Alles in einer Tüte!«). Wie Roger Thornhill (Cary Grant) in *Der unsicht-*

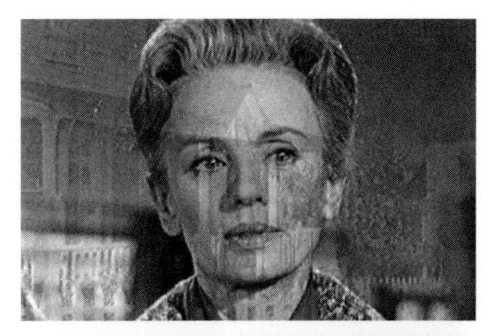

bare Dritte reist auch Melanie ohne Gepäck und ist für dieses robuste Abenteuer auf dem Land viel zu elegant gekleidet.

Gerade als Melanie zum ersten Mal Annies Haus betreten will, hören wir Vogelschreie aus der Ferne. Annie blickt auf, ihr Lächeln verschwindet. »Die scheinen auch niemals zur Ruhe zu kommen!«, stellt sie voller Abscheu fest. Scheinbar hat Annie, allein lebend und sexuell frustriert, genug davon, dass Mutter Natur alles Leben durch Instinkte regiert. Ein Schnitt zeigt uns den blauen Himmel, der aber vom Hauseingang streng eingegrenzt wird, und über den Schwärme weißer Seemöwen fliegen. Melanie dreht sich um und blickt ebenfalls hinauf, und wieder legt sich der besorgte Ausdruck über ihr Gesicht, den sie schon beim Blick auf den Himmel voller Vögel über dem Union Square gezeigt hatte. Die Szene endet mit dem Bild der beiden still nach oben starrenden Frauen, auf deren Gesichtern eine Vorahnung liegt. Im Film ist Melanie selbst ein Wandervogel, der wie ein Kuckuck in fremde Nester eindringt und sie für sich beansprucht. In *Der Mieter* zeigt Hitchcock sogar eine Kuckucksuhr, die wie wild zu schlagen beginnt, als der neue Mieter, dessen Nase wie ein Habichtsschnabel gebogen ist, durch den düsteren Hauseingang geht. Auch das ist eine Parallele zur Jägerin Melanie.

Die nächste Aufnahmesequenz zeigt Melanie, die ihr Auto in einem angeberischen Bogen auf den Hof vor dem Haus der Fa-

Zwischen zwei Frauen: Melanie mit Mitchs Mutter und der ehemaligen Geliebten

milie Brenner fährt. Sie kommt jetzt in aller Offenheit mit dem Auto und nicht mit dem Boot, und wir erhalten einen langen Blick auf die Straße, die Telefonleitungen und die zur Straße abfallenden Hügel, die am Ende des Films wieder zu sehen sein werden, schwarz mit Massen von Vögeln. Bei ihrer Ankunft frischt Melanie ihre Lippenfarbe mit dem Lippenstift auf, wobei sie einen Handspiegel benutzt – eine weitere dieser kleinen Handlungen, die eigentlich hinter die Kulissen gehören. Bei dieser Gelegenheit können wir ihre perfekte Marie-Antoinette-Frisur aus verschiedenen Blickwinkeln betrachten. Ein paar Vogelschreie scheinen Missbilligung auszudrücken. Als sie an der Tür läutet (was sie bei ihrem Besuch am Morgen nicht tat), öffnet niemand, eine Vorwegnahme der Szene, in der Lydia das totenstille Farmhaus der Fawcetts aufsucht.

Die Brenners kommen schließlich von der Scheune herüber, wo sie sich besorgt um die Hühner gekümmert haben. Mitch winkt, und die kleine Cathy (Veronica Cartwright) trennt sich von der Gruppe, läuft auf Melanie zu und umarmt sie. Ihr Überschwang, der natürlich durch die Sperlingspapageien ausgelöst worden ist, steht in deutlichem Gegensatz zum widerwilligen Verhalten ihrer Mutter. Lydia grüßt den Eindringling Melanie nicht und lächelt ihr nur kurz und dünnlippig zu. »Ist es ein Männchen und ein Weibchen?«, plaudert die unschuldig-frühreife Cathy munter. »Ich kann sie nicht voneinander unterscheiden.«[53] Währenddessen bleibt die Kamera auf Lydias kaltes und ablehnendes Gesicht gerichtet, ein Gesicht, in dem der ständige Krieg der Geschlechter seine Spuren hinterlassen hat – es wirkt ein wenig müde und unentschlossen, genau wie Annies Mienenspiel in der vorangegangenen Szene. »Die Hühner wollen nicht fressen«, vertraut Mitch Melanie an. In der echten Gastlichkeit symbolisiert Nahrung etwas Größeres: Lydia wird zwar heute Abend ihren Gast physisch mit Nahrung versorgen müssen, aber sie wird Melanie zugleich emotional verhungern lassen.

Als sie das Haus betreten, wird Melanie von Lydia weder willkommen geheißen noch aufgefordert, ihren Mantel abzulegen.

Der Eindringling

Stattdessen geht Lydia direkt zum Telefon und ruft den Inhaber des Krämerladens an, um sich über das Hühnerfutter zu beschweren. Sie nimmt sofort an, dass hier Betrug im Spiel sei. »Caveat emptor, Mutter, der Käufer muss aufpassen!«, ruft Mitch ihr zu, während er damit beschäftigt ist, ein weiteres großzügiges Geschenk auszupacken: Er hilft Melanie aus dem weiten Mantel. »Zu wem hältst du eigentlich?«, fragt Lydia zurück – eine herausfordernde Frage, die ebenso gut der weiblichen Rivalität um die Zuneigung ihres Sohnes gelten kann. Lydia streitet mit Fred Brinkmayer (den sie in seiner Wohnung anruft, denn der Laden ist bereits geschlossen). Mitch plaudert mit Melanie und mixt ihr einen Drink. Wir hören Melanie fragen: »Ist das Ihr Vater?«, womit sie eine große, gerahmte Farbfotografie über dem Klavier meint.

Lydia wird im Verlauf ihres Telefongesprächs immer unsicherer. Sie erfährt, dass auch Dan Fawcetts Hühner nicht fressen wollen, obwohl sie ein anderes Futter bekommen haben. »Glauben Sie, das ist eine Seuche oder so was?«, fragt sie. Aber natürlich ist Melanie die Seuche, die in Bodega Bay herumgeht! Jessica Tandy als Lydia zeigt bei diesem einseitigen Telefongespräch, das eine einzige lange Szene umfasst, wunderbares schauspielerisches Können. Ihre Stimme schöpft die Möglichkeiten von Rhythmus, Intonation und Dynamik voll aus. Heutige Schauspieler scheinen das Talent verloren zu haben, solche grundlegenden Szenen der Schauspielkunst interessant oder auch nur halbwegs überzeugend darstellen zu können.

Seltsamerweise wird uns das Abendessen nicht gezeigt; der nächste Schnitt zeigt den bereits geräumten Esstisch, als ob es bei Brenners Nahrung als konkreten, sinnlich wahrnehmbaren Gegenstand nicht gebe. Zu unserer Überraschung spielt Melanie auf dem Klavier (Debussys poetische »Arabeske Nummer Eins«), während Cathy daneben steht und indiskret über Mitchs Leben plaudert. Als Lydia ihre Tochter ermahnt, nimmt Melanie schnell ihre brennende Zigarette auf (sie raucht wie Hoagy Carmichael in einer Saloon-Bar). Zigaretten sind ihre Verteidigungsmittel gegen andere Frauen – oder Vögel. Von Cathy erfahren wir, dass Mitch einen großen Teil seiner Arbeitszeit mit Gangstern in Gefängniszellen verbringe – man denke auch an die bevorstehende Szene in der »Gefängniszelle« auf dem Dachboden des Hauses. Cathys Worte lassen vermuten, dass sein Interesse an Melanie teilweise durch ihre moralische Zweideutigkeit hervorgerufen wird. Wir erfahren ferner, dass er San Francisco als »Ameisenhaufen, in dem jeder oben krabbeln will« bezeichnet. Das stimmt mit der darwinschen Sichtweise überein, die den Film beherrscht und nach der Menschen der Tierwelt zugerechnet werden.

Cathy plappert weiter über einen Ehestreit, der zum Mord führte: Einer von Mitchs Klienten schoss seine Frau sechsmal in den Kopf, weil die Frau mitten in einer Sportübertragung auf einen anderen Sendekanal umgeschaltet hatte. Die kleine Schwester bestätigt auch, dass Mitch jedes Wochenende hierher, zu seiner verwitweten Mutter, zurückkehrt, als folge er einem inneren Trieb. Spoto merkt an, dass dieser Sachverhalt an Hitchcocks Leben mit seiner depressiven Mutter erinnere, nachdem der Vater im Alter von 52 Jahren verstorben war.[54] Mir scheint jedoch, dass Mitchell Brenner sehr viel deutlichere Bezüge zu Alfreds älterem Bruder William aufweist (der nach dem Vater benannt worden war), jedenfalls dann, wenn man der Beschreibung folgt, die ein Cousin von William gab – »ein stattli-

Cathy, das brave Mädchen, steht zwischen der kühlen Mutter und der überheblichen Melanie

DIE HELDIN WIRD GERUPFT 69

cher Mann, der immer gut gekleidet war«.[55] Tatsächlich setzt sich das Autokennzeichen, das Melanie von Mitchs Ford Galaxie notiert – WJH 003 –, aus den Initialen der beiden William Hitchcocks zusammen, Vater und Junior. (Steht die Zahl drei vielleicht für den als drittes Kind geborenen, immer etwas seltsamen und dicklichen Alfred, der sich damit psychisch von den Verwandten distanziert?).

Melanie zögert, als sie von Cathy zu ihrer Geburtstagsparty eingeladen wird, die eigentlich eine Überraschung sein soll und für den nächsten Tag geplant ist. In der Küche hofft Lydia sichtbar, dass Melanies Zögern zur Ablehnung der Einladung führt. Cathy hat schon ein paar Einzelheiten über die Party herausgefunden, denn auch sie ist eine Detektivin. Ihre übersprudelnde Spontaneität und ihr zunehmend gutes Verhältnis zu Melanie betonen den Gegensatz zu ihrer biederen und großmütterlich wirkenden Mutter Lydia und machen deutlich, welch triste Umgebung das Haus der Brenners für ein heranwachsendes Mädchen sein muss. Die Einrichtung des Wohn- und Esszimmers ist armselig, und das Licht ist zu hart, was Hitchcock vermutlich mit Absicht so gestaltete. Denn als sich Melanie das erste Mal in das Haus stahl, zeigten die Aufnahmen die Inneneinrichtung und die gemütlichen Ecken sehr viel deutlicher. Das Foto des verstorbenen Vaters ist eine absolut typische Aufnahme eines stolzen Staatsbürgers, aufgenommen von einem Fotografen in einem Rotary-Club in irgendeiner amerikanischen Kleinstadt. Sie hängt wie eine finstere römische Ahnenmaske an der Wand, steht aber in keinem erkennbaren psychologischen Kontext zur Handlung. Vergleichen wir im Gegensatz dazu nur die Art und Weise, in der Hitchcock den fragwürdigen Charakter der von Ingrid Bergman gespielten Figur in *Berüchtigt* (*Notorious*, 1946) in einen Bezug zu der komplizierten Geschichte vom vermissten Vater bringt.

Cathy

Die meisten Kommentatoren bewerten es positiv, wie sich die Freundschaft zwischen Cathy und Melanie entwickelt. Melanie wird weicher und verliert ihren Charakter als Femme fatale: Jetzt muss sie sich nicht mehr nur um sich selbst, sondern auch um jemand anders kümmern. Mir gefallen jedoch die echten durchtriebenen Luder aus Hollywood entschieden besser, eine Vorliebe, die ich mit den meisten schwulen Männern und Transvestiten teile. Deshalb finde ich, dass Melanies Reifeprozess hier recht gekünstelt wirkt. Wie Jane Austens Emma (»schön, gescheit und reich«) ist Melanie angeberisch und ziemlich töricht und wirkt auf mich unwiderstehlich bezaubernd. Im Gegensatz dazu ist Cathy Brenner so widerlich schrill wie die ewig fröhlichen Pfadfinderinnen und Cheerleader des Amerika der fünfziger Jahre; sie ist eben genau so, wie ein nettes kleines Mädchen sein muss.

Cathy fehlt beispielsweise völlig die teuflische Energie einer Dinah, Tracy Lords herumtollender kleiner Schwester (Virginia Weidler) in *Die Nacht vor der Hochzeit* (*The Philadelphia Story*, 1940). (Interessant ist übrigens, dass sich diese kleine Schwester selbst auf dem Klavier begleitet, während sie einen Song der Marx Brothers singt: »Lydia, oh Lydia, oh have you met Lydia?«) In *Böse Saat* (*The Bad Seed*, 1956) wird boshafterweise genau dieser Cathy-Typ parodiert – eine süßliche, höchst brave Zehnjährige (Patty McCormack), die geradezu sklavenhaft den Erwachsenen immer gefallen will und schließlich als psychopathische Serienmörderin endet. Möglicherweise übersehen die Kritiker Hitchcocks zynische Sicht auf die Cathy-Figur. Denn Hitchcock lässt sie in einer ähnlichen Figur namens Jessie in seinem nächsten Film wieder auferstehen – als abscheulich prinzessinnenhaftes Kind aus der Nachbarschaft, das sich überall einschmeichelt und von Marnies mürrischer Mutter gehätschelt und verwöhnt wird. Meine Einstellung zu solchen Figuren wurde schon recht früh von der homosexuell respektlosen Sichtweise des Patrick-Dennis-Films *Die tolle Tante* (*Auntie Mame*, 1958) geprägt, in dem sich Rosalind Russell über ihren kriecherischen Neffen, einen Schuljungen, lustig macht: »Wenn er sich nicht benimmt, werfen wir ihn einfach in den Fluss!«

In der Küche hilft Mitch mittlerweile seiner Mutter beim Abwaschen des Geschirrs. Sie lässt dabei erkennen, dass sie aus den

Klatschspalten der Zeitungen schon recht viel über Melanie weiß: »Ist sie nicht im vergangenen Sommer in Rom in irgendeinen Brunnen gesprungen ist? Ich bin wahrscheinlich altmodisch. Es ist vermutlich sehr warm dort, aber ... die Zeitungen haben damals geschrieben, sie war nackt.« Auch hier bringt Tandy Lydias Sätze wunderbar hervor – die genau dosierte Untertreibung lässt die Andeutung nur noch sensationeller erscheinen. Melanie wird später zwar behaupten, dass sie bekleidet gewesen und in den Brunnen gestoßen worden sei, aber nach Lydias Bemerkung in dieser Szene erscheint Melanie zunächst als zügelloses Party-Girl des internationalen Jetset, ähnlich wie Jean Seberg in *Bonjour Tristesse* (*Bonjour Tristesse*, 1958) und Anouk Aimée in Fellinis *Das süße Leben* (*La Dolce Vita*, 1960). Lydias Bemerkung bezieht sich übrigens auf Anita Ekbergs Sprung in den Trevi-Brunnen. »Mutter«, antwortet Mitch fest und küsst sie auf die Wange, »ich kann schon allein mit Melanie Daniels fertig werden.«

Mutter und Sohn

Diese Szene bietet uns einen ersten Einblick in die Beziehung zwischen Mutter und Sohn. Das Problem dieser Szene besteht darin, dass Mitch hier ein wenig neurotischer oder wenigstens zweideutig erscheinen müsste, um der komplizierten Psychodynamik des Films gerecht zu werden. Taylor ist durch und durch männlich, und mit seiner raubeinigen australischen Beherztheit erfasst er die Möglichkeiten nicht, die in dieser Beziehung zu befürchten sind. Es wäre zwar nicht fair, hier anzuführen, wie spektakulär Anthony Perkins in *Psycho* die ganze Palette von Verhaltensweisen durchspielt, von schriller Aufgeregtheit bis zur Selbstentwertung, denn Perkins stellt einen isoliert lebenden Verrückten dar. Aber der schneidige Cary Grant, der in *Der unsichtbare Dritte* ebenfalls einen Karrieremenschen aus der Stadt spielt, erfasst in der witzigen Szene mit Jessie Royce Landis als seiner nüchternen Mutter doch sehr gut die Verzweiflung des in der Klemme steckenden Sohnes. Und auch Suzanne Pleshette bringt in ihrer Darstellung der wortgewandten und hypersensiblen, aber leicht depressiven Annie eine ganze Bandbreite von freudschen Deutungsmustern zur Geltung.

Als sich Mitch von Melanie, die in ihrem Auto sitzt, verabschiedet, sieht das Treibholz auf dem Sandstrand hinter ihr wie verstreut herumliegende Knochen aus, als sei Melanie eine Sirene, die irgendwo in einer von Dalí gemalten Wüste ihr Opfer bereits bis auf die Knochen abgenagt hat. Mitch kehrt wieder zu seiner forschen Verhaltensweise zurück und spottet ein wenig anzüglich über Melanies Schwimmversuche in Rom. Vielleicht will er auf diese Weise wieder die Oberhand bekommen, nachdem er sich auf der Hühnerfarm der Brenners einen Abend lang ausschließlich mit Frauen beschäftigen musste. »Das klingt, als ob Sie mit einer ziemlich wilden Horde herumgezogen sind!« Auf dieses vernichtende Kreuzverhör reagiert Melanie gereizt. Er verabreicht ihr verbale Ohrfeigen und zwingt sie zuzugeben, dass sie gelogen hat. Im Grunde verhält er sich, als müsse er ein Pferd einreiten. Schließlich verliert sie die Beherrschung und braust mit aufheulendem Motor davon. Er grinst ihr selbstgefällig nach, bemerkt dann aber plötzlich, dass sich in der Zeit, in der Melanie im Haus war, auf den Telefonleitungen dichte Reihen von Krähen niedergelassen haben. Er runzelt verwundert die Stirn. Rate mal, wer zum Abendessen kommt!

Melanie kehrt zu Annies Haus zurück und tritt ein, ohne anzuklopfen oder zu läuten, eine Wiederholung der Szene, in der sie in das Haus der Brenners eindrang. Sie behandelt Annies Wohnung wie ein Motel. Annie sitzt in ihrem Bademantel in einem Sessel und liest die Frauenseiten einer Zeitung (wie bei Lydia ist das ihre Verbindung zur Außenwelt). Sie bietet Melanie ein Glas Brandy an. Die beiden wirken wie zwei Soldatinnen in einer Kaserne, die Erinnerungen über ihre unglücklichen Kämpfe auf den Schlachtfeldern der Liebe austauschen. Die gesamte Szene wurde von Hitchcock und seinem wunderbaren Team brillant entworfen und realisiert, und Hedren und Pleshette spielen sie einfach phänomenal. Es geht nicht nur um die gefiederten Räuber in der Luft, sondern auch die beiden Frauen werden in diesem Film zu Vögeln – denn mit demselben Wort – *birds* – werden im britischen Alltagsjargon auch attraktive junge Frauen bezeichnet.

Melanie und Annie

Annies Stilempfinden kommt andeutungsweise in einer avantgardistischen Skulpturlampe und in den Drucken moderner Malerei an den Wänden zum Ausdruck, insgesamt sieben Bilder, vom Kubismus bis zu Modigliani. Ihre Familie könnte aus New York stammen (später erfahren wir, dass ihre Schwester »im Osten« lebt), aber Annie selbst entstammt dem unkonventionellen Milieu San Franciscos, das damals das Zentrum der Beat- und Hippie-Kultur war. In ihrem Innersten ist sie jedoch romantisch veranlagt, was durch das sichtbar aufgestellte Schallplattenalbum von Wagners *Tristan und Isolde* angedeutet wird, ein Werk, das die Selbstaufopferung für eine zum Scheitern verurteilte Liebe zum Thema hat. In Claude Chabrols *Der Schlachter* (*Le Boucher*, 1970) porträtiert Stéphane Audran humorvoll eine urbane Dorfschullehrerin, die wie ein Mann raucht, eindeutig eine Hommage an Pleshettes facettenreiche, dynamische darstellerische Leistung in *Die Vögel*.[56]

»Haben Sie Lydia kennen gelernt?«, fragt Annie, und ihr Lächeln zeigt, dass sie die Antwort bereits weiß. Melanie will zunächst nicht darüber reden, aber bald beginnen beide Frauen mit ihren Enthüllungen. Was wir erfahren, veranlasst uns, die Beziehung zwischen Mitch und seiner Mutter neu zu überdenken. »Wahrscheinlich ist nie etwas zwischen Mitch und einem Mädchen«, sagt Annie und erzählt, wie es kam, dass sie nach Bodega Bay verschlagen wurde. Was sie schildert, erstreckt sich über mehr als vier Jahre. Annie hatte Mitch in der Stadt kennen gelernt, aber die Beziehung erstarb, nachdem sie mit Lydia zusammengetroffen war. Bei ihrer Schilderung drängt sich bald der Eindruck einer gewissen Besessenheit auf, als sie zugibt, dass sie nur hierher gezogen ist, um Mitch nahe sein zu können. Annie befand sich also auf der Pirsch, genau wie jetzt Melanie. Wie Lydia lebt sie aber nun als einsame Witwe, und ihre Schüler dienen ihr als Ersatz für die eigenen Kinder.

Mit leichter Ironie hat sich Annie mit ihrem selbst gewählten, verkümmerten Leben abgefunden. Trotzdem zögert sie, Lydia die Schuld zu geben. »Es war bei ihr kein Ödipus-Komplex, sondern etwas anderes«, stellt sie fest und hebt ihr Brandyglas ironisch auf das Wohl des alten Inzest-Meisters. Schließlich sei Lydia keine eifersüchtige Mutter, und sie sei auch keine Mutter, die sich an den Sohn klammere und ihn ganz für sich beanspruche. Sie habe nur einfach Angst davor, dass Mitch sie allein lässt. Die meisten Kritiker haben Annies Schlussfolgerung als die des ganzen Films akzeptiert, aber ich bin ganz anderer Meinung. Der vom Mutter-Thema besessene Hitchcock stellte solche alles verzehrenden Frauenfiguren absolut bewusst in den Mittelpunkt des Films. Und er verwies sogar explizit auf die »unnatürliche Beziehung« zwischen Lydia und Mitch: »Sie nimmt den Sohn als Ersatz für den Ehemann.«[57] Als ich Tippi Hedren fragte, wie sie in ihrer Darstellung mit dieser Thematik umgegangen sei, sagte sie: »Ich glaube, Melanie hielt Lydia für eine Frau, die ihren Sohn ganz für sich beanspruchte. Nur Annie hielt sie nicht dafür!« Also dient Annies Behauptung dazu, die eigenen Gefühle abzutöten.

Das Telefon läutet: Mitch will sich davon überzeugen, dass Melanie ihren Weg zu Annies Haus zurückgefunden hat. Auch diese

Melanie erhält einen Telefonanruf von Mitch in Annies Haus

Szene enthält eine sexuelle Tortur, denn Annie ist in ihrem eigenen Wohnzimmer gefangen (sie sitzt mit dicht an den Leib gezogenen Beinen, wie Melanie später auf der Couch im belagerten Haus der Brenners) und muss mitanhören, wie ihre Rivalin Mitchs besorgte Erkundigungen und Entschuldigungen entgegennimmt. Melanie reagiert zunächst »ein wenig distanziert« – um hier eine Formulierung zu benutzen, mit der Annie Lydia charakterisierte –, aber allmählich entspannt sie sich. Sie signalisiert, dass sie jetzt wieder versöhnlicher gestimmt ist, indem sie mit der Telefonschnur spielt, genau wie in der Zoohandlung, nur hält sie jetzt nicht einen Bleistift, sondern eine Zigarette in der Hand. Die gewundenen Telefonschnüre, die in dem Film zu sehen sind, stellen Fallschlingen für die Männer dar; es sind Fesseln, mit denen Melanie die Männer buchstäblich um ihren kleinen Finger wickelt.

Bevor Melanie zu Bett geht, nimmt sie das Flanellnachthemd, das einer Lydia zur Ehre gereicht hätte, aus der Papiertüte und hält es zum Spaß vor ihren Körper. Das ist eine Art Tarnung; Melanie macht sich selbst unattraktiv, um Annie von ihrer Eifersucht nach dem schmerzlichen Telefonanruf abzulenken. Das Telefonat hatte damit geendet, dass Melanie zustimmte, bis nach Cathys Party am nächsten Nachmittag im Ort zu bleiben, während Annie gehofft hatte, dass sie selbst bei der Party mit Mitch zusammen sein könnte. Plötzlich ist von der Tür her ein Geräusch zu hören. Annie denkt, es habe geklopft, und ruft: »Ist da jemand? Wer ist da?« Sie öffnet die Tür und findet eine tote Möwe auf der Schwelle. »Armes Ding«, sagt Annie, »hat sich wahrscheinlich im Dunkeln verflogen.« Sie bemitleidet das Tier, sucht aber, wie immer, die harmloseste Erklärung. Melanie hat schon mehr erlebt; sie vermutet etwas Schlimmeres: »Aber so dunkel ist es doch gar nicht. Es ist Vollmond.« Die beiden Frauen blicken sich starr und bleich an; wir sehen sie im Profil, und dahinter breitet sich die blaue Geisterlandschaft aus. Das ist einer der unheimlichsten Augenblicke des Films, und er ist ausgesprochen geschickt gemacht. Wir sind in die heidnischen Vorzeiten zurückgekehrt, als der Flug der Vögel ein Omen war und Sonne, Mond und Sterne einen unergründlichen Einfluss auf das Leben der Menschen hatten.

4 | Die Vögel greifen an! – Laune der Natur oder Vorspiel zum Weltuntergang?

Dann ist es wieder Tag: Melanie und Mitch steigen eine hohe, windige Düne hinauf, von der man den salzigen Sandstrand der Bucht bei Ebbe überblicken kann (auch das Meer bietet keinen Fluchtweg!). Sie halten Martinigläser in den Händen. Die Szene erinnert mich an die säuerlich dreinblickenden Partygäste Jeanne Moreau und Marcello Mastroianni, die in Antonionis *Die Nacht* (*La Notte*, 1960) in der Morgendämmerung auf einen Golfplatz hinausspazieren. In *Die Vögel* sehen wir in der Ferne den Ort und die Berge und tief unten die Geburtstagsparty auf dem sonnenüberströmten Rasen vor dem Haus der Brenners. Die Party ist in vollem Gange. Unter den vogelähnlichen Schreien der Kinder ist immer wieder Annies Stimme zu hören, die für Ordnung sorgen will. Sie gleicht einer Gouvernante, die sich in den Herrn des Hauses verliebt hat, der es aber vorzieht, sich seinem Stand entsprechend zu verheiraten. Deshalb ist sie zu melancholischem Voyeurismus verdammt. »Komm schon, Kind, er darf dich nicht erwischen!«, ruft Annie einem Kind zu. Bei diesem Ruf blickt Melanie zu Mitch zurück, der hinter ihr geht, denn der Ruf scheint auch ihr zu gelten, weil darin ein Echo der Boot-Szene nachklingt.

Die Unterhaltung auf der Düne ist möglicherweise die Szene mit der schlechtesten fotografischen Qualität des ganzen Films. Es ist allzu offensichtlich, dass die Einstellung im Studio mit schlechter Beleuchtung und schlechtem Sound gedreht wurde. Auch im Hinblick auf den Dialog gibt es Kontroversen: Die Szene wurde nicht von Drehbuchautor Evan Hunter geschrieben. Er äußerte die recht giftige Vermutung, Tippi Hedren habe ihren Text einfach improvisiert.[58] Hedren bestreitet das kategorisch.

Im Dialog blickt Melanie auf ihr Leben zurück: Montags und mittwochs arbeitet sie bei einem Reisebüro am Flughafen (wo sie sich vermutlich mit Touristen und ähnlichen Zugvögeln beschäftigt), dienstags arbeitet sie für die Zeitung, und zwar für die Rätselecke, und donnerstags ist Versammlung und anschließend ein Essen – sie sammelt Geld, um damit das Studium für Waisenkinder aus Korea zu bezahlen. Die Szene wirkt unecht und dekadent. Melanie hat ihr Leben lang Designer-Läden frequentiert und zeigt »gesellschaftlichen und intellektuellen Dilettantismus«, wie Spoto es zutreffend ausdrückt – die typische Orientierungslosigkeit von Menschen, die ihr Geld nie selbst erarbeiten mussten.[59] Für mich besteht das Highlight dieser Szene darin, dass Hedren das Martiniglas mit ungewöhnlicher Grazie zwischen den Fingern mit den rot lackierten Nägeln hält und daraus nippt. Auch das gehört zur Zivilisation!

Mutterliebe Als Melanie damit prahlt, dass sie ihrer vornehmen und sittenstrengen Tante einen Maina-Vogel schenken will, der »nicht ganz stubenreine Worte spricht«, witzelt Mitch: »Ihnen fehlt die mütterliche Hand, mein Kind.« Vielleicht ärgert sich Melanie über diese herablassende Bemerkung, denn ihre Stimmung schlägt plötzlich um: »Meine Mutter? Die kann mir gestohlen bleiben.« Sie fährt fort: »Als ich elf war, ist sie mit irgendeinem Mann auf und davon gegangen.« Melanie ist dabei, Lydia zu verdrängen, aber sie läuft zugleich Gefahr, sich zu einer elfjährigen Cathy zurückzuentwickeln. Die verlassene Tochter hat eine Mutter, die sich wie eine Fallenstellerin benahm – oder wie ein entflogener Vogel. »Ich weiß gar nicht, wo sie ist«, murmelt Melanie. Ihre Stimme bricht und ihre spröde Persönlichkeit zeigt jetzt Risse. »Na, ich will mal lieber wieder zu den Kindern gehen«, sagt sie ein wenig reumütig. Sie hat zwar ihren Humor wieder gefunden, aber sie gesteht auch ein, dass sie einen Augenblick lang die Fassung verloren hat.

Während die beiden den Dünenabhang hinuntersteigen, sehen wir die Kinder, die gerade Blindekuh spielen – ein Symbol des ewigen Spiels der Liebe, bei dem Freund und Feind häufig dieselben Personen sind. Annie und Lydia hegen dieselben Befürchtungen, als sie Melanie und Mitch entgegenstarren, die als Paar von der Düne herabkommen. In dem Augenblick, in dem die beiden wieder im Garten ankommen, beginnen die Möwen mit dem ersten Massenangriff, der in dem Film gezeigt wird. Ist die wütende Attacke eine äußerliche Darstellung der tief verborgenen Feindseligkeit und der mörderischen Eifersucht, die in der Dreieckskonstellation der Frauen herrschen? Man denkt hier unwillkürlich an den Film *Alarm im Weltall* (*Forbidden Planet*, 1956), in dem das innere Chaos des Dr. Morbius zu einem unsichtbaren Monster wird.

Der erste Massenangriff

Cathy, die gerade Blindekuh ist, wird als Erste angegriffen – an dieser Stelle breche ich gewöhnlich in Jubel aus. »Hey, anfassen gilt nicht!«, ruft sie, als etwas gegen ihren Kopf schlägt (genau wie bei Melanie im Boot), und der Ausruf klingt fast wie eine von Lydias puritanischen Erziehungsregeln für ihre Kinder. Die kleine Party mit dem adrett gedeckten Tischchen, dem weißen Kuchen und rosa Kinderpunsch ist genau jene Art von keimfreier Unterhaltung, von der Erwachsene schon immer glaubten, dass sie für die Kinder das Richtige sei. Dieses Idyll wird von den beutegierigen Vögeln brutal unterbrochen, wie schon Phineus' Mahlzeiten durch fliegende Harpyien besudelt wurden.[60] Als sei es ein lustiges Spiel, stoßen die Möwen auf die Ballons herab, die wie Brüste und phallische Früchte über der Veranda hängen, und dabei zerplatzen auch die Illusionen der Menschen. Das Motiv des Blindekuh-Spiels erscheint auch in *Jung und Unschuldig*, in dem gleich am Anfang eine weibliche Leiche gezeigt wird, die wie Seetang vor einem von Möwen bedeckten Felsen treibt. Und in *Der Fremde im Zug* lässt der zynische Mörder in einem Vergnügungspark mit einer brennenden Zigarette den Ballon eines Jungen platzen, und das herumwirbelnde Karussell mit seinen auf- und abreitenden, bemalten Tierfiguren ist ein weiteres Symbol für den Reigen der Menschen.

In der Partyszene gefällt mir das kleine Mädchen mit den Lackschuhen am besten, das im Gras liegt und die Beine wie eine

Windmühle kreisen lässt, während ihr himmelblaues Kleidchen bis zu dem mit Rüschen besetzten Slip hochrutscht und eine Möwe auf ihren Hinterkopf einhackt. »Au, au, au!«, scheinen beide im Chor zu schreien. Dieses Detail ähnelt der berühmten Definition des Surrealismus: » ... das zufällige Zusammentreffen eines Regenschirms und einer Nähmaschine auf einem Seziertisch.« Melanie verwandelt sich in eine agile Retterin. Sie reißt sich die feine Jacke von den Schultern und scheucht damit die Möwe weg. Hitchcock hat diese chaotische Episode meisterhaft geschnitten. Er macht uns die blinde Panik der Gruppe deutlich: Die Kinder laufen in alle Himmelsrichtungen davon wie – nun, wie Hühner, denen gerade der Kopf abgeschnitten worden ist. Mit einem sportlichen Sprung packt Annie die völlig verwirrte Cathy, und die Erwachsenen zerren und tragen die Kinder in das schützende Haus, wie Menschen, die sich vor angreifenden Flugzeugen zu retten versuchen. »Das war jetzt das dritte Mal«, verkündet Annie wie ein römischer Augur gegenüber Melanie. Die Szene endet mit zwei kleinen Mädchen, die ängstlich zum Himmel starren – ein kleiner Rotschopf, der eine Partyserviette gegen die zerkratzte Wange presst (die einzige Verletzung, die Hitchcock an den Kindern zeigt), und die kleine Brünette, die von Melanie gerettet wurde.

Als alle Gäste außer Melanie das Haus verlassen haben, nehmen die geschockten Brenners im Wohnzimmer ein einfaches Essen ein, übrig gebliebene Roastbeef-Sandwiches und Kaffee. Das Haus wirkt jetzt ebenso beklommen wie ihre Stimmung. Die »Liebesvögel« sind aufgeregt. Missmutig bedeckt Lydia den Käfig mit einer weißen Stoffserviette. Sie will Melanie dazu bringen, das Haus schnell zu verlassen, und dreht sich sogar einmal mit einem erhobenen Messer zu ihr um, ganz im Geist von Mrs. Danvers, der unversöhnlichen Hüterin des Hauses in *Rebecca*. Aber Cathy und Mitch wollen, dass Melanie bleibt. Während sie noch streiten, sehen wir eine Nahaufnahme von Melanies angstvollem, fast telepathisch wirkendem Gesicht, denn sie allein hört das warnende Crescendo der Vogelschreie und bemerkt einen

Vögel stürzen durch den Kamin in das Wohnzimmer der Brenners ...

... und greifen Lydia an, die hier aussieht wie die jüngere Melanie

DIE VÖGEL GREIFEN AN!

Die zweite Angriffs-welle

Sperling, der auf dem Herd sitzt. Mit gewaltigem, explosionsartigem Lärm stürzen plötzlich Tausende von Vögeln durch den Kamin in den Raum und sprühen eine Wolke von grauer Asche über die Essensreste.

Ist durch die Revierkämpfe der Frauen ein moralisches Vakuum entstanden, das den Vogelschwarm gewissermaßen durch den Kamin in das Haus gesaugt hat? »Haltet die Hände vor die Augen!«, brüllt Mitch und verteidigt mit diesem Ausruf die Grundlagen der menschlichen Identität gegen all das wahnsinnige Flattern und Zwitschern. Die Szene wirkt wie ein geschlossener Kreis in Dantes Inferno, in dem die Verdammten in einem wilden Wirbel von Wind und Schmutz herumgeworfen werden. Hitchcock, der große Inquisitor, hat alle Zwänge beiseite geworfen. Quälte er seine Schauspieler in der vorhergehenden Szene mit Agoraphobie (Platzangst), so tormentiert er sie in dieser Szene mit Klaustrophobie (Angst vor geschlossenen Räumen).

Wir können im Haus der Brenners nie jemanden wirklich beim Essen beobachten. Mitch reißt die Serviette vom Käfig, um damit auf die herumschwirrenden Vögel einzuschlagen; er kippt

Nach dem Angriff der Vögel sammelt Lydia die Scherben auf

den mit dem Essen beladenen Tisch einfach auf eine Seite, um damit die Kaminöffnung zu verbarrikadieren. In Lydias Frisur verfangen sich die Vögel und bringen sie durcheinander. Hysterisch taumelt sie vor der großen Kaminuhr herum. Cathy verbirgt den Kopf im Schoß der neuerdings mütterliche Instinkte entwickelnden Melanie. Geistesgegenwärtig packt Melanie Lydia beim Arm, und die Frauen entkommen durch die Verandatür, so dass sie das Haus den Vögeln überlassen.

In der nächsten Szene sehen wir Deputy Sheriff Al Malone, der die Zerstörungen im Haus begutachtet und bestreitet, dass man sich Sorgen machen müsse. Damit entspricht er dem gewöhnlichen Bild des langsam denkenden Polizisten vieler Sciencefiction-Filme. Wie betäubt geht Lydia im Haus herum, rückt die Bilder gerade und hebt die Bruchstücke von Teetassen vom Boden auf – Wood bezeichnet dies als Leitmotiv des Films, das die menschliche Zerbrechlichkeit symbolisiere. Melanie beobachtet sie schweigend. Zum ersten Mal empfindet sie Mitleid mit Lydia, aber sie erkennt auch, dass sich die Machtbalance verschoben hat.[61] Hitchcock erklärte, Lydias Verhalten zeige, dass sie buchstäblich zerbricht.[62]

»Ich sorge dafür, dass Cathy ins Bett kommt«, verkündet Melanie und beschließt, die Nacht hier im Haus zu verbringen. Wie zwei alte Freundinnen, die Arme um die Hüften gelegt, gehen Melanie und Cathy aus dem Zimmer. Lydia starrt ihnen ausdruckslos nach; zum zweiten Mal an diesem Tag muss sie mitansehen, dass sich zwischen Melanie und ihren Kindern neue Verbindungen entwickeln. Melanie der Kuckuck ist ins Nest eingedrungen und hat sich die Mutterrolle angeeignet.

Der Kuckuck im Nest

Am nächsten Morgen stochert Mitch in einem stark rauchenden Feuer am Rand des Rasens. Die Szene ist wundervoll komponiert: Hinter ihm sind die Bucht und die Berge zu sehen. Warum sich Mitch mit dem Feuer beschäftigt, bleibt allerdings ein Rätsel, über das Hitchcock einmal Truffaut aufklärte: Eine ganze Szene wurde herausgeschnitten, in der Mitch die toten Vögel im Garten verbrannte. Er unterhält sich angespannt mit Melanie, als sie in den Garten kommt. Sie hat recht pikant ihren Pelzmantel über das Nachthemd geworfen.[63] Tatsächlich sehen wir dann Melanie wieder einmal vor einem Spiegel: Sie hat ihr Haar offen, was ihr sehr gut steht, und trägt in dem winzigen, altmodischen Zimmer, in dem sie die Nacht verbracht hat, ihren Lippenstift auf. Sie hört Lydias Stimme, die verkündet, dass sie Cathy mitnehmen wolle, um sie vor der Schule abzusetzen, und dann zu Dan Fawcetts Farm weiterfahre. Aus dem Fenster im Obergeschoss beobachtet Melanie, wie Lydias türkisfarbener Pick-up davonfährt – nach der ursprünglichen Drehbuchfassung bietet sich jetzt eine ideale Möglichkeit, mit Mitch allein zu sein.

Wir folgen jedoch dem Pick-up und erleben dabei eine der berühmtesten und am meisten bewunderten Episoden in Hitchcocks Werk. Lydia fährt schnell durch die weiten grünen Wiesen, die zum Besitz Fawcetts gehören. Vor unserem geistigen Auge verbinden sich dabei die Bilder von Melanies Auto, das durch die Landschaft fährt, und von dem Boot, das die Bucht durchschneidet. Beide Frauen scheinen die Horizontalen der Leinwand durch schiere Willenskraft bezwingen zu können. Auch Lydia fährt ihren Pick-up mit einem schwungvollen Bogen auf den Hof vor dem Haus Fawcetts, so dass die Steine davonspritzen, genau wie Melanie bei ihrer Ankunft vor dem Haus der Brenners. Sie wechselt einen flüchtigen Gruß mit einem Farmarbeiter, der erklärt, Dan Fawcett an diesem Morgen noch nicht gesehen zu haben. Lydia geht den Weg zur Haustür hinauf und klopft. Als niemand antwortet, öffnet sie die Tür und tritt ein, genau wie Melanie bei ihrem ersten Besuch im Haus der Brenners.

Auf Fawcetts Farm

Während Lydia zögernd durch die Küche geht, erblicken wir Kopf und Geweih eines Elchs, der im nächsten Zimmer an der Wand hängt. Damit wird angedeutet, dass die Interessen Fawcetts rustikaler sind als die der Brenners, wo das Porträt des Vaters über einem Klavier hängt, auf dem eine Rokoko-Porzellanfigur der Musen steht. Sie stutzt, als sie eine Reihe von zerbrochenen Tassen erblickt, die noch immer an ihren Haken hängen. Die Kamera zoomt ein wenig näher heran, um deutlicher zeigen zu können, wie sich der Schock auf ihrem Gesicht ausbreitet und sie entsetzt die Augen aufreißt. Wieder sehen wir eine Detektivin am Werk, die zwei und zwei zusammenzählt. Die zerbrochenen Tassen, die an die auseinander fallenden Buchstaben des Filmtitels erinnern, sind ein Zeichen dafür, dass hier einmal eine Frau wohnte. Wenn Dan Fawcett Witwer ist, hat Lydia möglicherweise gehofft, sich wieder zu verheiraten? In diesem Fall würden ihre Nachforschungen denen Melanies gleichen, und die zerbrochenen Teetassen stellen Lydias zerbrochene Hoffnungen dar.

Die Handtasche baumelt an Lydias Arm, während sie langsam einen langen, unbeleuchteten und grauen Flur entlang geht (wie auch Melanie geradewegs über den Kai ging). Unsicher zögert sie auf der Schwelle eines Zimmers, das mit den stillen Indizien eines zerstörerischen Wutanfalls übersät ist: Bilder hängen schief, alle möglichen Gegenstände liegen in Trümmern und im zerbrochenen Fenster hängt grotesk eine tote Möwe. Hitchcocks Schnitt folgt ihren Augenbewegungen, als ihr immer mehr auffällt – die zerrissenen Sonnenblenden an den Fenstern (vgl. die zerrissene Sonnenblende und den Duschvorhang in *Psycho*), umgestürzte Lampen, verstreut herumliegende Federn, durcheinander geworfene Bücher, ein mit Vogelmist verschmutzter Schuh und eine tote Krähe auf dem Bett. Es ist, als würde erneut eine Reihe von surrealen Gegenständen gezeigt – Orangen, Zeitschriften, Holzlöffel, Spielkarten, Schachbrett – die uns am Beginn von *Das Rettungsboot* zu einer Leiche und dann zu Constance Porter führen.

Lydia blickt nach unten, und auf dem Boden sieht sie im Türausschnitt die blutverschmierten Beine eines Mannes, die mit einer zerrissenen Pyjamahose bekleidet sind. Sie nähert sich noch einen Schritt, und drei immer näher heranführende Schnitte enthüllen uns den Farmer, der in eine Ecke gelehnt sitzt. Schließlich werden wir nahe an sein Gesicht geführt und sehen seine ausgepickten Augen und das rote Blut, das aus den leeren Höhlen geronnen war.

Das erste Opfer

Lydia flieht im Schock von Fawcetts Farm, die Wörter sind ihr in der Kehle erstickt

Während der gesamten Szene herrscht eine bedrückende Stille, die nun plötzlich unterbrochen wird, als Lydia mit verzweifelt erhobenen Armen in den Flur zurücktaumelt (vgl. Melanies Arme in der Dachgeschoss-Szene) und ihre Handtasche dumpf auf dem Boden aufschlägt. Dann sehen wir sie auf dem Weg vor dem Haus direkt auf uns zurennen, mit wilden, halb verkrümmten Bewegungen, die nicht zu einer würdevollen Matrone passen, sondern zu einem erschrockenen Kind oder einem flüchtenden Tier. Obwohl sie fast den Verstand verloren hat und ihr Mund weit aufgerissen ist, bleibt sie absolut stumm, die Wörter sind ihr in der Kehle erstickt.

Sie stößt den verwirrten Hilfsarbeiter beiseite, springt in den Pick-up und rast davon, wobei sie sich wie eine Rennfahrerin an das Lenkrad klammert, als sei es ein Rettungsring. Hitchcock erklärte, dass der Pick-up jetzt die Rolle Lydias übernommen habe. »Die quietschenden Motorgeräusche beim Anlassen lassen uns ihre Angst fühlen«, was auch durch das Davonrasen, die Staubwolke und die Abgaswolke verdeutlicht wird, die aus dem

Auspuff aufsteigt. Als Lydia zum Haus Dan Fawcetts fuhr, erzählte Hitchcock, habe er vorher die Straße mit Wasser abspritzen lassen.

Als der Pick-up in die Zufahrt zum Haus der Brenners einbiegt, sieht es so aus, als wolle Lydia Mitch und Melanie überraschen, die sich gerade in der Nähe des Holzzauns umarmen (oder besser: wie Liebesvögel schnäbeln und gurren), umrahmt von einer käfigartigen Pergola. Melanie trägt noch immer recht unzüchtig ihr Nachthemd und darüber den Pelzmantel. Die fehlende Szene hätte gezeigt, wie sich die beiden stritten, dann aber in ihrer gemeinsamen Sorge über den Vogelangriff wieder zusammenfanden. Beide laufen herbei, um Lydia zu helfen, die halb aus dem Auto taumelt, aber sie stößt sie heftig auseinander (ihr geheimer Wunsch), stöhnt in menschenfeindlicher Abscheu und rennt dann schluchzend ins Haus.

Hitchcock erklärte, auf den Gedanken mit den leeren Augenhöhlen des Toten sei er gekommen, nachdem ihm ein Farmer aus Bodega erzählt hatte, wie ein paar seiner Lämmer von Krähen getötet worden seien. Aber das Motiv erscheint auch schon Jahrzehnte früher in *Jung und Unschuldig*. In diesem Film fantasiert ein frecher Junge beim Mittagessen von einem Flüchtling, der auf einem Acker verhungert und dem Krähen die Augen auspicken. Dank Annies Bemerkung taucht in *Die Vögel* also auch der Bezug zu dem durch eigene Hand erblindeten Ödipus auf. Es ist durchaus denkbar, dass Lydia zweifach traumatisiert wird: durch das grauenvolle äußere Erlebnis und durch die Erkenntnis, dass auch sie von inneren Dämonen beherrscht wird.

Leere Augen

Dan, die gefallene Vaterfigur, sieht wie das Opfer einer Gewalttat aus, genau wie Annie später im Film. Als Hitchcock von Bogdanovich gefragt wurde, wie er reines Kino definieren würde, nannte der Regisseur genau die Szene als Beispiel, in der Lydia Dans Augen sieht: »Die Schocks werden im Stakkato aufgebaut, so dass man immer nach Luft schnappen muss.«[64] An anderer Stelle erklärte Hitchcock, dass er hier nicht mit dem Zoom gearbeitet habe, obwohl das eigentlich erwartet werden konnte, nicht zuletzt deshalb, weil er auch mit Zensurproblemen gerechnet habe.⁶⁵

Die Szene wirkt wie ein mathematisches Diagramm des Wahrnehmungsprozesses: Lydia erblickt die Dinge schrittweise, registriert die Daten und kommt als Schlussfolgerung zu dem Syllogismus der furchtbaren Doppel-Null, den Augen des Farmers. Diese tintenschwarzen Augenhöhlen sahen wir auch in *Psycho* im grinsenden Schädel der Mrs. Bates, als ihre Mumie im Keller zum Zuschauer herumschwingt.

Wood vergleicht Lydias Erlebnis mit dem von Mrs. Moore in der Marabar-Höhle in E. M. Forsters »Auf der Suche nach Indien«: Es gibt nichts mehr zu sagen, denn beide Frauen wurden mit dem ultimativen Chaos unserer Existenz konfrontiert, jenseits von Raum und Zeit, Vernunft und Sprache, Liebe und Hass.⁶⁶ Das bewundernswerte Make-up des Farmers (den ein Stuntman spielte) wurde von Howard Smit aufgetragen. Die Augen des Stuntman wurden mit einem Spezialwachs bedeckt, das von Leichenbestattern verwendet wird, und dann tiefschwarz bemalt.⁶⁷ Im Rückblick gewinnen diese Bilder eine geradezu prophetische Überzeugungskraft für die sechziger Jahre: Hitchcock scheint Morde und politische Attentate mit all ihren tödlichen Kopfwunden ebenso vorausgeahnt zu haben wie die sinnlosen Plünderungen und Krawalle. Und auch die dionysisch-psychedelischen Exzesse: Dan Fawcetts tote Augen mit den blutigen Tränenspuren gleichen den Bildern der von Drogen benebelten, in die Leere starrenden Beatles in Richard Avedons klassischen Bildern für das Magazin *Life*.

Ruhe zwischen zwei Stürmen

Später an diesem Morgen führen Melanie und Mitch ein belangloses, aber verliebtes Gespräch in der Küche, während Melanie Tee für Lydia zubereitet, die im oberen Stockwerk im Bett liegt. Melanie ist jetzt Herrin des Hauses; sie ist inzwischen wieder ordentlich bekleidet und trägt ihr Haar hochgesteckt, aber sie hat feinfühlig auf die Ohrringe und die kostbare goldene Halskette verzichtet, die auch während des restlichen Films nicht mehr zu sehen sein werden. Der Anblick von unzerbrochenem Geschirr scheint Lydia ebenso viel neue Kraft zu geben wie der Tee selbst, als lasse sich Humpty Dumpty wieder zusammenkleben. Der altmodische Stil ihres Schlafzimmers, die Bilder von London und der Spiegel im schweren Goldrahmen lassen vermuten, dass Lydias Eltern keine Kalifornier und vielleicht nicht einmal gebürtige Amerikaner waren; selbst Lydia könnte eingewandert sein.

Offenbar verspürt sie gerade ein großes Mitteilungsbedürfnis. Mit echter Rührung betrachtet Melanie die Kinderbilder auf dem Kaminsims, erfährt von Lydias Ängsten und davon, dass ihr verstorbener Mann keine Beziehung zu den Kindern gehabt habe. Hitchcock reduziert hier die Geschwindigkeit der Handlung und nimmt den Rhythmus des Alltagslebens wieder auf, wenn auch nur als eine Art Ruhe zwischen zwei Stürmen. Als Lydia wie besessen darüber klagt, dass die großen Fenster des Schulhauses leicht zu Bruch gehen könnten (»In Dans Schlafzimmer sind alle Scheiben zerbrochen. Kein Fenster ist heil!«), bietet Melanie an, hinzufahren und Cathy abzuholen. Damit übernimmt sie erneut die Mutterrolle. Zwischen den beiden Frauen hat sich ein misstrauischer Waffenstillstand entwickelt, der deutlich wird, als Lydia sich bei Melanie bedankt und dabei ihren Vornamen benutzt.

Als Melanie vor dem Schulhaus ankommt, hört sie, dass die Kinder drinnen mit Annie einen Reigen singen, monoton dahinfließende Verse, die eine Figur wie Tennysons Mariana oder die Lady of Shalott beschreiben – eine Frau, die sich wie Lydia und Annie ständiger Trauer hingebe und die ihr Haar nur einmal jährlich kämme und dabei Tränen vergieße. Vielleicht gilt das auch für Melanie, deren streng hochgekämmtes Haar wie ein Schutzhelm wirkt, der umso härter wurde, je mehr die eigene Mutter sie vernachlässigte. Annie (die eine Uhr an einer goldenen Kette um den Hals trägt – ihre Zeit in Bodega Bay hängt schwer an ihr) gibt Melanie ein Zeichen zu warten, bis diese eigenartige Schulstunde vorüber ist. Melanie spaziert inzwischen zum Schulhof und setzt sich auf eine Bank, die vor einem Klettergerüst steht.

Warten vor der Schule

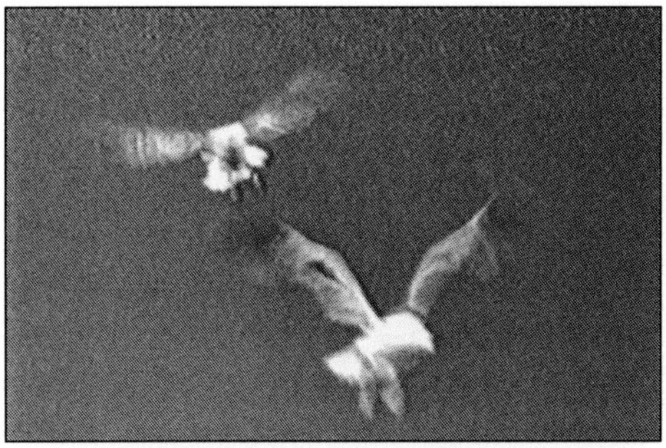

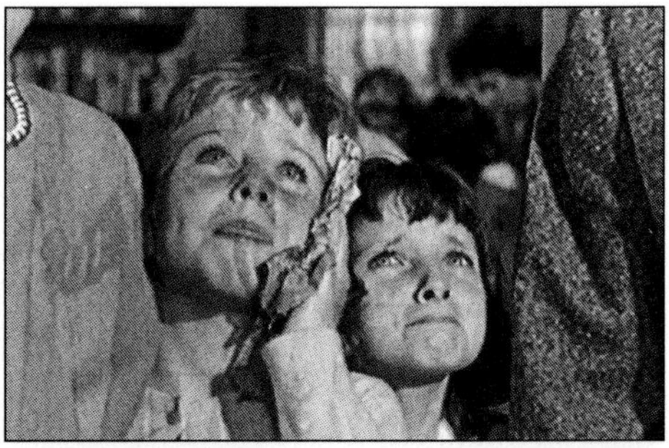

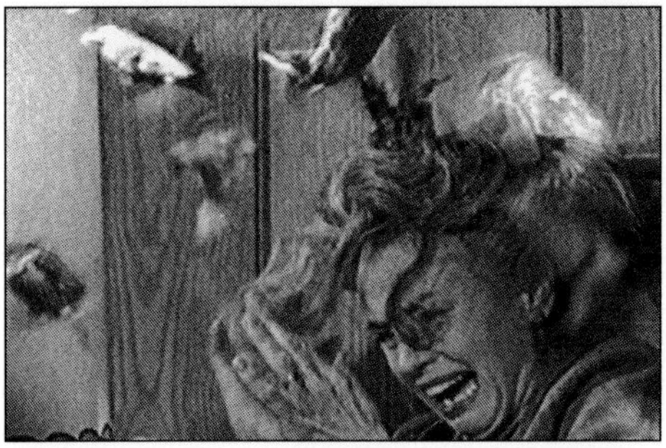

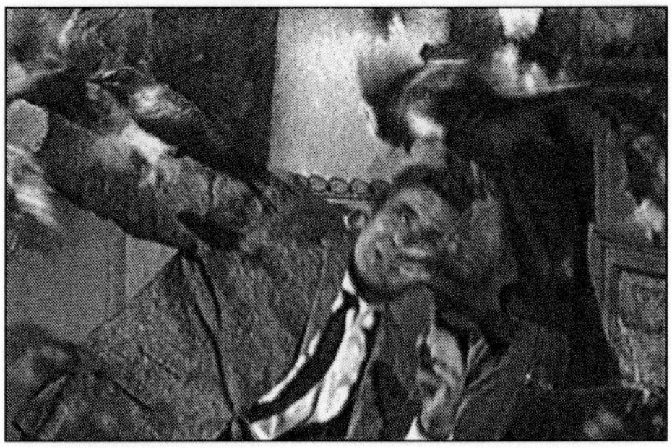

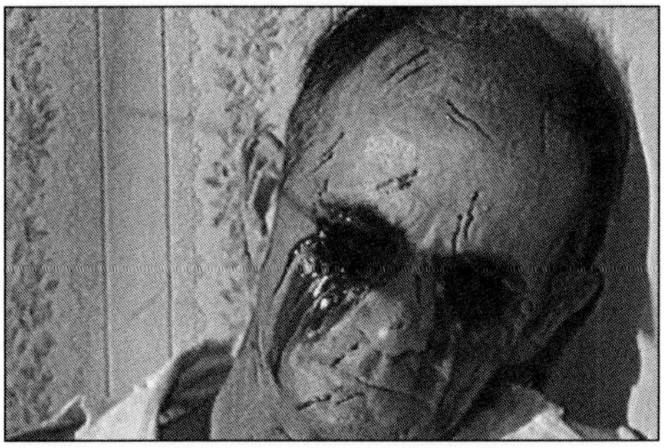

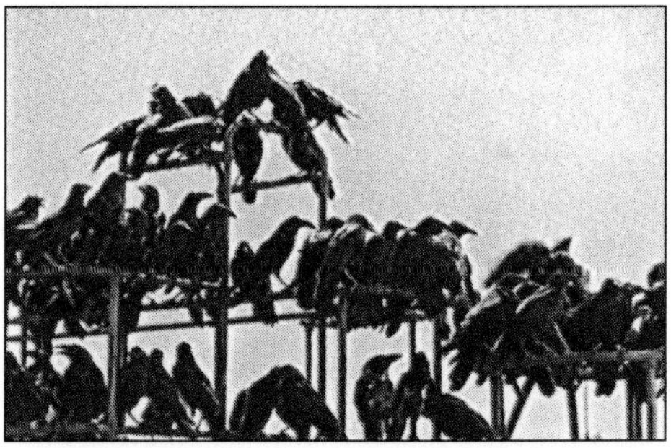

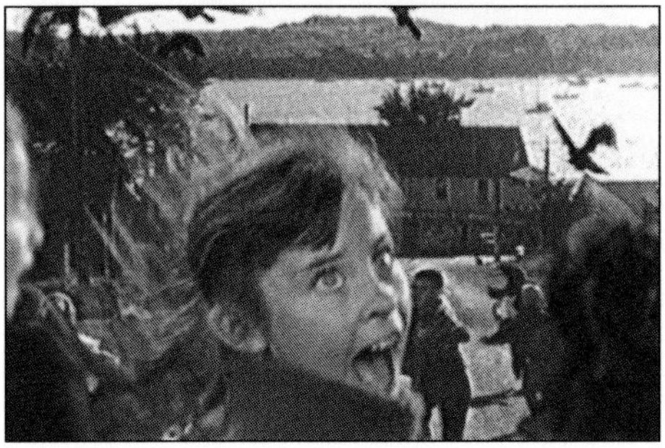

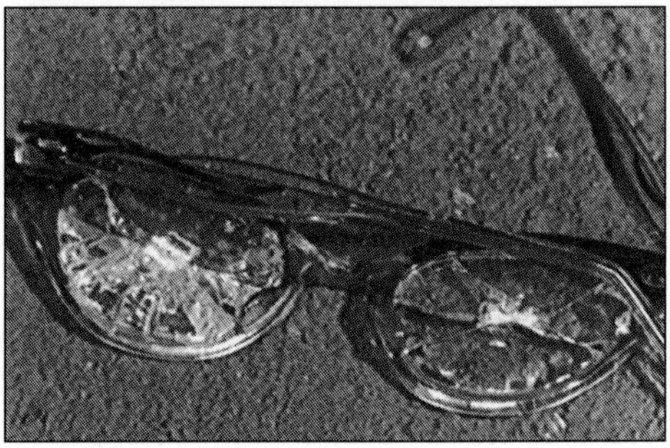

Szenenbilder aus
»Die Vögel«

Aus ihrer Handtasche holt sie ein elegantes emailliertes schwarzes Zigarettenetui – im Gegensatz zu Annies zerdrückter Packung, die ausschließlich der Freude am Rauchen dient – und zündet eine Zigarette an. Während der unerwarteten Pause schwankt ihre Stimmung zwischen Langeweile, Ungeduld und Furcht. Wiederholt blickt sie über die linke Schulter zur Schule hinüber; der Gesang der Kinder klingt wie eine zerkratzte Schallplatte (will Hitchcock damit auf seine Schulzeit hinweisen, mit ihren endlos sich wiederholenden Psalmengesängen?). Melanie blickt ungeduldig auf die Armbanduhr, während sich über ihrer rechten Schulter, und nur für die Zuschauer sichtbar, eine Krähe nach der anderen auf dem Klettergerüst niederlässt. Die Zahl der Vögel wächst sehr schnell. Die Szene dauert nur 90 Sekunden, wirkt aber so, als sei sie bis zur Unerträglichkeit gestreckt worden: Auch die Zeit wird wie eine schmelzende Uhr in einem Gemälde von Dalí unter emotionalem Stress in die Länge gezogen. Hitchcock wies seinen Aufnahmeleiter an, die letzte Nahaufnahme Melanies, bevor sie die Vorgänge hinter sich bemerkt, müsse so lange dauern, »bis es die Zuschauer nicht mehr aushalten«.[68]

Auch diese Einstellung gehört zu Tippi Hedrens großen Szenen. Hitchcocks meisterhafte Schnitte, von denen Filmemacher in aller Welt lernten, werden hier von Hedrens schauspielerischer Leistung in den Schatten gestellt – von ihrer knappen, eleganten Körpersprache und ihrem ausdrucksvollen, schnell wechselnden Mienenspiel. Wie in der Szene, in der Lydia durch Fawcetts Haus geht, beruht auch diese Szene ausschließlich auf der Mimik. Elegant klopfen Melanies Finger die Asche von der Zigarette, und ihre Augen bewegen sich, als ob sie ihren ruhelosen Gedanken folgten. Hedrens Melanie ermöglicht es uns, weibliche Manieriertheit aus anthropologischer Distanz zu betrachten. Oder vielleicht sollte ich sagen, aus ornithologischer Distanz: Melanie wirkt, als sei sie dem kleinen chinesischen Gemälde von Vögeln entsprungen, das Hitchcock ursprünglich für den Vorspann benutzen wollte.

Seit vielen Jahren faszinieren mich Hedrens formale, sparsame Bewegungen in dieser Szene so sehr, dass ich sie fragte, ob sie damals tatsächlich geraucht habe. »Ja, ich war Raucherin«, antwortete sie. »Als ich noch als Modell arbeitete, bewarb ich mich für einen Werbespot für Chesterfield-Zigaretten, der in einer Perry-Como-Show gesendet werden sollte. Damals rauchte ich nicht, und die Werbeleute machten mir klar, dass ich rauchen *müsse*. Also lernte ich nur deshalb zu rauchen.« Mit anderen Worten: Hedren betrachtete das Rauchen von Anfang an als visuelle Aktivität, und daraus resultierten die disziplinierten Bewegungen in *Die Vögel*, mit denen sie »die hohe Kunst des Rauchens« vorführt, wie es einer meiner Freunde bezeichnete. Hedren bestätigte, dass ihre berufliche Karriere wahrscheinlich ihre Körpersprache auf der Leinwand geprägt habe: »Mit dreizehn Jahren begann ich als Fotomodell zu arbeiten, und ich bin überzeugt, dass man dadurch ein sehr gutes Gespür für Körperhaltung bekommt.«

Labyrinth des Schuldkomplexes

Melanie erblickt endlich die enorme Ansammlung von Krähen auf dem Klettergerüst. Es ist, als konzentrierten sich ihre Ängste und Fantasien plötzlich auf diesen Augenblick. Sie reagiert genauso entsetzt wie Lydia beim Anblick der leeren Augenhöhlen des Farmers. Das Metallgerüst erinnert an das sich entfaltende Bauhausmuster in Saul Bass' großartiger Titelsequenz zu *Der unsichtbare Dritte*. Das Muster repräsentiert die gesellschaftliche Struktur und, in *Die Vögel*, Schicksal oder Notwendigkeit. Das Klettergerüst ist ein Gestell, auf dem Kinder wie Affen herumklettern und ihr Leben als Erwachsene einüben, auf dem sie lernen, sich in der komplizierten Takelage des Lebensschiffs zurecht zu finden. Im Laufe der Zeit ist Hitchcocks Klettergerüst für mich zu einem Symbol der Zivilisation schlechthin geworden und hat auch meine Theorie der »apollonischen Form« in meinem Buch *Sexual Personae* beeinflusst. Hitchcock sah in der Architektur einen großartigen, aber auf ewig unvollendet bleibenden Rahmen des menschlichen Daseins. Diese Sichtweise wird in seinen wichtigsten Filmen immer wieder deutlich, von den

Hochhäusern mit ihren Glasfronten in *Der unsichtbare Dritte* bis hin zu den Bögen der Hängebrücke in *Vertigo*.[69]

Melanies Blick folgt einer einzelnen Krähe, die über sie hinwegfliegt, und dabei entdeckt sie schließlich den Vogelschwarm. Sie springt auf und weicht zurück. Das überfüllte Klettergerüst wirkt wie ein einziges monströses Lebewesen, wie ein Mammutskelett, an dem noch verwesende Fleischfetzen hängen, während es aus dem Grab steigt. In dieser Szene scheinen sich zwei Gedichte Baudelaires – aus »Les fleurs du mal« (»Die Blumen des Bösen«) zu vereinigen: In »Une charogne« (»Ein Aas«) verwest ein Kadaver in einem sonnigen Park und wird von einem Gewimmel von Maden gefressen, und in »Un voyage à Cythère« (»Eine Reise nach Kythera«) sieht der Dichter einen Leichnam am Galgen, der von Raubvögeln zerhackt wird – sein eigener, schuldbeladener Körper.

Tatsächlich könnte man Hitchcocks Klettergerüst als *Labyrinth des Schuldkomplexes* bezeichnen – nach dem Titel des Buches, das Ingrid Bergman als Psychoanalytikerin in *Ich kämpfe um dich* (*Spellbound*, 1945) liest. Die Kamera blickt gewissermaßen durch Melanies Augen, während sie sich vorsichtig zur Schule zurückzieht, und gleitet so sanft dahin, wie ihr Boot über die Bucht glitt. Es ist, als befinde sich ihr übermäßig erregter Verstand in einem traumartigen Schwebezustand, so dass sie keine Kontrolle mehr über die eigenen Füße hat.

Melanie trifft auf Annie, als diese gerade die Tür aufstoßen will, um die Kinder in die Pause zu schicken. Die Lehrerin erfindet ein nicht besonders einfallsreiches Täuschungsmanöver: Sie kündigt eine Brandübung an (eine deutlichere Vorahnung, als ihr bewusst ist), und die Kinder schreien wie Vögel. Sie schickt die Kinder auf die Straße hinaus, damit sie nach Hause oder zum Hotel laufen, jener mysteriösen Einrichtung, in der Melanie nicht übernachten wollte. Aber die Vögel fallen nicht darauf herein. Kaum sind die Kinder auf der Straße, steigen die Krähen vom Klettergerüst auf (fünf Meter Film mussten herausgeschnitten werden, weil »ein paar eifrige Vögel ihren Einsatz nicht abwarten konnten und vor den anderen aufflogen«). Eine Mattaufnahme zeigt weitere Vögel, die wie eine Wolke von Fledermäusen hinter der Schule aufsteigen.[70] Bildung führt offenbar zu Alpträumen.

Wieder beginnt ein Wettlauf, dieses Mal zwischen Füßen und Flügeln. Wie Furien fallen die Krähen von hinten über die Kinder her, picken sie in Nacken und Schultern, während wir Zuschauer mit der Kamera hilflos rückwärts den Hügel hinuntergleiten und die Meute über uns hinweg zu trampeln droht. Es herrscht ein furchtbares Durcheinander von Schreien und wildem Krächzen. Wenn sich der erste Schrecken legt, fange ich gewöhnlich an zu lachen und applaudiere den Vögeln, die, wie von Coleridge gesandt, sämtliche sentimentalen Vorstellungen seines Dichterkollegen Wordsworth über die Kindheit gründlich zerstören. Ich werde auch an mein altes Idol Keith Richards erinnert, der sich mit »Pollyanna« und »Beaver Cleaver« abmüht. Die gesamte Szene ist von einer überschwänglichen, saturnalischen Wahnsinnskomik gezeichnet, als handle es sich um eine Ausgabe des Magazins *Mad*. Hitchcocks Opfer werden sich schließlich in einer Szene in Roger Vadims *Barbarella* (*Barbarella*, 1968) zu Sadisten weiterentwickeln, die eindeutig von dieser Szene in *Die Vögel* beeinflusst wurde: Jane Fonda als Barbarella wird von einem herannahenden Bataillon von Puppen mit Vampirzähnen bedroht, die sich blutig in ihre Beine und ihren Kettenpanzer verbeißen.

Attacke auf die Schulklasse

Melanie wird, natürlich nicht ohne ihre Handtasche, von den Kindern mitgerissen und kann nur noch mitrennen, als befände sie sich auf einer wilden Flucht durch Pamplona. Als ein Kind hinfällt, wobei seine Brille zerbricht (ein Motiv aus Eisensteins *Potemkin*, das Hitchcock auch in *Der Fremde im Zug* benutzte), laufen Cathy und Melanie zurück, um ihm zu helfen. Die drei flüchten sich in den Schutz eines Autos, das von allen Seiten von Vögeln angegriffen wird. Die Szene gleicht der späteren Einstellung in der Telefonzelle, aber im Gegensatz dazu halten die Autoscheiben dem Angriff stand. Als Melanie den Motor anlassen

Angriff der Vögel auf die in Panik flüchtenden Schulkinder (Studioaufnahme)

Bei dieser Außenaufnahme wurden die gefiederten Angreifer später einkopiert

96   DIE VÖGEL

will, fehlt der Schlüssel, und darin zeigt sich, dass sie die Situation nicht im Griff hat. Sie befindet sich zwar in einem Auto, kann sich aber zum ersten Mal in ihrem Leben damit nicht fortbewegen. Frustriert drückt sie auf die Hupe und lässt dann erschöpft den Kopf auf das Lenkrad sinken, während die Angriffe der Vögel allmählich nachlassen. (An dieser Stelle ärgere ich mich immer und murmle: »Um Gottes willen, nimm endlich den Gang heraus und lass den Wagen den Hügel hinunterrollen!«) Das Tachometer steht auf Null: Melanie, die waghalsige Fahrerin, ist zur Fußgängerin geworden. Mit ihren beiden Schutzbefohlenen steht sie so verzweifelt auf der offenen Straße wie Sophia Loren in dem Film *Two Women* (1961), die im Krieg mit ihrer mehrfach vergewaltigten Tochter auf der Flucht ist.

In der nächsten Einstellung sehen wir Melanie, die von der Restauranttheke aus ein Ferngespräch mit Daddy führt. Ihre Frisur ist unordentlich, aber sie hat offenbar die Fassung wiedergewonnen. Cathy vermissen wir nicht (wer würde das schon?), sie wurde offenbar von Melanie zu Annies Haus auf dem Hügel gebracht – was sie, wie sich noch herausstellen wird, in noch größere Gefahr bringt. Wirkte die Szene mit der Verfolgung durch die Vögel chaotisch, so können wir uns jetzt wieder an Melanie in Topform erfreuen. Hedrens kultivierte, melodische Stimme (eine weitere herausragende Eigenschaft, die ihr zu wenig Anerkennung einbrachte) klingt jetzt, nach der Kakophonie der Vogelschreie, noch angenehmer. Wie immer, wenn sie mit Männern telefoniert, lässt Melanie auch dieses Mal die spiralförmige Telefonschnur spielerisch durch die Finger gleiten. Sie berichtet ihrem Vater, dem Zeitungsmann, von den Vogelangriffen, und ruft damit auch bei den Gästen im überfüllten Restaurant Entsetzen hervor.

Im Restaurant

Auch hier spielt Hitchcock einen seiner kleinen Streiche, indem er Melanie unter ein Schild mit der Aufschrift »Absolutely No Credit« platziert. Das Schild scheint nicht nur auf ihr sorgloses Leben im finanziellen Überfluss anzuspielen, sondern mit den doppelsinnigen Worten »no credit« auch auf ihre Neigung

Rechts: Szenen im Restaurant

Drama im Drama

zum Lügen: Wer einmal lügt, dem glaubt man nicht. Ein weiteres Schild macht Reklame für den billigen, proletarischen »Gallo Wine« (Hitchcock war ein snobistischer Weinliebhaber) und weist darauf hin, dass die Weinberge von Sonoma und Napa Valley nicht weit entfernt sind.

Die große Episode im und beim Restaurant, die Truffaut ursprünglich für zu lang hielt, ist eigentlich ein Drama im Drama.[71] Aus meiner Sicht besteht der erste Akt, der von Evan Hunter ohne Nahtstellen gewoben wurde, aus neun angespannten Minuten, in denen ein kollektiver Dialog stattfindet, bevor die Angriffe wieder losgehen. Den zweiten Akt bilden die Zerstörungen, die dem Platz in der Ortsmitte wie durch einen Tornado zugefügt werden. Im dritten Akt erfolgt die Ächtung Melanies durch eine unbarmherzige weibliche Jury. Diese dreiteilige Sequenz dauert vierzehn Minuten und macht uns das gesamte Spektrum des Genies Hitchcock deutlich: die äußerst genaue Aufzeichnung des Alltagsverhaltens, die verführerische Manipulation von Emotionen bis hin zur akrobatischen Inszenierung von Action-Szenen.

Besonders hervorragend finde ich die fast kubistischen Aufnahmen, mit denen uns gleich am Anfang der Szene das Innere des Restaurants gezeigt wird und bei denen Melanie als Angelpunkt fungiert: Jede Tür, Wand, Person und Topfpflanze wird uns aus verschiedenen Blickwinkeln vorgeführt. Ein Raum ist wie ein undurchsichtiges Medium, das Hitchcock auseinandernehmen, zurechtstutzen und in Scheiben aufschneiden kann, als handle es sich um Rindfleischbraten. Hier wird jede Figur genauestens individualisiert – durch Kleidung, Verhalten oder Sprechweise. Das Restaurant ist wie ein Zoo, oder besser wie die Arche Noah, in der sich alle eng zusammengedrängt befinden, genau wie die Überlebenden, die in *Das Rettungsboot* vom Meer hin und her geworfen werden.

Während Melanie noch telefoniert, kommt die beachtliche Mrs. Bundy herein, um Zigaretten zu kaufen. Die Rolle wird von Ethel Griffies gespielt, einer 84-jährigen, altbewährten britischen Schauspielerin, die Hitchcock noch von seiner Londoner Zeit her kannte. Sie verkörpert die starken Persönlichkeiten der ersten, auf die Suffragetten folgenden Welle des Feminismus, die ich verehre. In *Die Vögel* trägt sie eine kesse Baskenmütze und eine Norfolk-Jacke; sie spricht mit schallender Stimme und strahlt arrogantes Selbstvertrauen und eine nüchterne Lebenseinstellung aus. Sie ist der dritte der komplexen Frauencharaktere, mit denen Melanie konfrontiert wird und die sie schließlich zu respektieren lernt. Mrs. Bundy ist eine kenntnisreiche Amateurornithologin, die dem Film die wissenschaftlichen Grundlagen liefern soll. Hitchcock läßt in der Szene wunderbaren Humor aufblitzen, etwa wenn er Melanies Verärgerung darüber zeigt, dass ihr Mrs. Bundy widerspricht und sie an den Rand des Geschehens drängt. Doch zunehmend ist sie von der alten Dame fasziniert. Die ruppige Ornithologin, die eine Zigarette nach der anderen anzündet, steht als Einzige im ganzen Film (wenn man von den Kindern absieht) Melanies sexuellem Charisma absolut gleichgültig gegenüber. Mrs. Bundy ist bereits über jede Eitelkeit erhaben, was sich auch darin zeigt, dass sie sich nicht die Mühe macht, sich in dem kleinen

Spiegel zu betrachten, der am Zigarettenautomaten angebracht ist.[72]

Hedren erzählte mir: »Ich konnte die Augen nicht von Ethel Griffies abwenden! Sie war einfach wundervoll, absolut wundervoll. Die Sache mit der Zigarette war ihre eigene Idee – wie sie die Zigarette hält, so dass alle denken: ›Oh Gott, gleich verbrennt sie sich die Finger!‹« Hedren bestätigte meinen Eindruck, dass alle Schauspieler in der Restaurant-Szene reibungslos zusammenarbeiten: »Das kommt daher, dass wir uns im Verlauf der sechs Monate kennen lernten, denn das ist eine lange Zeit. Man lernt jeden einzelnen gut kennen und wird eine Familie.« Sie erwähnte auch, dass sie diese Tortur »total erschöpft« habe: »Weil ich in jeder Einstellung auftrat, hatte ich in den sechs Monaten nur einen einzigen Nachmittag frei – und da musste ich zum Zahnarzt!« Mit anderen Worten: Während der Dreharbeiten lebte die Besetzung nur für den Film, und diese Intensität schlägt sich im Ergebnis sehr deutlich nieder. Als Analogie lässt sich hier die lange Drehzeit erwähnen, die David Lean für *Lawrence von Arabien* (*Lawrence of Arabia*, 1962) benötigte. Die Dreharbeiten in Jordanien dauerten fünf Monate, und die Besetzung musste dasselbe unerträgliche Wüstenklima erdulden wie die Figuren, die sie spielten.

»Sam, dreimal Hühnchen mit Bratkartoffeln!«, bellt die Kellnerin und unterbricht damit Mrs. Bundys romantischen Vortrag über das sanfte und unaggressive Verhalten von Vögeln. Das Drehbuch schafft hier einen komischen Vielklang, in dem sich intellektuelle Spekulationen mit der rauen, banalen Welt des materiellen Appetits vermischen. Die Fresser und die Gefressenen tauschen die Rollen: Nicht die Vögel, sondern die Menschen landen letztlich auf dem Speisezettel.

Während sich Mrs. Bundy immer wortreicher über die lyrische Schönheit unserer gefiederten Freunde verbreitet, macht eine hysterische Mutter einen großen Wirbel um ihre beiden Kinder. Sie regt sich furchtbar auf über all das Gerede von den Vogelangriffen und übertreibt ihre Rolle als Beschützerin ihrer beiden interessierten, aber nicht sonderlich verstörten Küken so sehr, dass sie fast neurotisch wirkt. Diese Szene erinnert ein wenig an die manische Gouvernante in Henry James' Kurzgeschichte »The Turn of the Screw« (»Die sündigen Engel«), die ihre Schutzbefohlenen bis zum Herzanfall terrorisiert.

Die Diskussion über die moralische Natur der Vögel weitet sich zu einem richtigen Philosophieseminar aus, wobei die Beteiligten wie im alten Griechenland nebenher mit Essen und Trinken beschäftigt sind. Ein unrasierter Betrunkener mit schwerem irischem Akzent – laut Hitchcock ein O'Casey-Charakter, der schon in Hitchcocks Film *Juno und der Pfau* (*Juno and the Peacock*, 1930) mitgewirkt hatte, in dem wortgewandte Tagelöhner vorkamen – zitiert laut die Bibel und ruft immer wieder: »Das ist das Ende der Welt!« Die prophetische Sicht der Vögel als ausführende Organe einer zornigen überirdischen Macht wirkt zwar wie eine Satire, erinnert aber an Mrs. Bundys Fantasien von der christlichen Barmherzigkeit gegenüber den Vögeln (sie führt »unsere Weihnachtszählung« der Vögel in der Gegend durch).

Diese Sicht wird übrigens auch von dem ruppigen Fischerbootbesitzer unterstützt, der ganz anders als die Brenners mit großem Genuss isst. Er grummelt etwas über Möwen, die neulich eines seiner Boote angegriffen hätten. »Ein ganzer Schwarm Möwen ist über eines meiner Boote hergefallen«, erklärt er, und »der Steuermann wäre fast verblutet«. Melanie beharrt darauf, dass die Vögel versucht hätten, die Kinder zu töten. Mit dieser Aussage bringt sie den motivlosen Mord ins Spiel, der Hitchcock besonders gefiel, wie er in dem Film *Cocktail für eine Leiche* zeigte, dessen Handlung von dem authentischen Fall Leopold und Loeb inspiriert worden war.

Trotz ihrer Liebe zu Vögeln gibt Mrs. Bundy auf ihre pedantische Weise eine vernichtende Statistik preis und liefert damit den Höhepunkt dieser Szene: »Es gibt auf diesem Planeten Vögel seit den Zeiten des Archaeopterix, Miss Daniels – also seit 140 Millionen Jahren.« Auf der Welt lebten heute »8650 verschiedene Vogelarten« und »100 Milliarden Vögel«, sagt sie. Wenn sich all diese Tiere zusammenscharten, »wären wir alle verloren! Wie sollten wir uns wohl gegen sie wehren?« Wie zur Illustration erzählt ein durchreisender Vertreter die wahre Geschichte des Möwenschwarms von Santa Cruz, die von Mrs. Bundy bestätigt wird. Die Details der Story wurden jenem Artikel entnommen, der 1961 im *Sentinel* erschienen war. »Arme Dinger«, sagt sie, womit sie die toten Vögel meint, genau wie Annie beim Anblick des Vollmonds. Wieder ist die Kellnerin zu hören: »Zwei Bloody Marys, Deke!« Dieser Ausruf (in der deutschen Synchronfassung kurioserweise »Blutgeschwüre«) fängt das eigentliche Thema der Szene ein – die blutgierigen Zähne und Krallen der Mutter Natur.

Die hysterische Mutter überredet törichterweise den beschwipsten, dumm daherredenden Handlungsreisenden dazu, ihr auf dem Fluchtweg nach San Francisco vorauszufahren. Mitch, der gerade hereingekommen ist, unterhält sich leise mit Sebastian, dem Seemann. Er schlägt eine Strategie für diesen Notfall vor, um den Ort zu retten: den Nebel von Santa Cruz wie im Krieg mit Hilfe von Rauchtöpfen vorzutäuschen.

Melanie zieht sich zum Fenster zurück, als habe sie all dieses Gerede der Männer ermüdet. Vor allen anderen hört sie einen Vogelschrei. Man kann vermuten, dass es sich dabei wieder um Telepathie handelt, denn der Schrei kommt klar und deutlich durch die Scheibe, obwohl diese doch offenkundig aus schwerem Glas ist. Wie schon beim Klettergerüst folgt auch jetzt ihr Blick wieder dem Flugbogen der Vogelinvasion, die aber nicht im Bild zu sehen ist.

Eskalation Die nächste Kette von Ereignissen ist in sich verwoben und eskaliert immer weiter. Sie ist fast opernhaft gestaltet und geschnitten, so dass sie wie ein *danse macabre* aus der Barockzeit wirkt. Die Ereignisse werden ausgelöst, als eine der Möwen im Flug den Tankwart streift, wie bei dem Angriff auf Melanie oder wie Yeats Schwan, der auf Leda fällt und in der antiken Geschichte Massaker und Feuersbrünste auslöst. Man sieht eine Serie drastischer Soloauftritte, allesamt abrupte Pirouetten und Stürze. Der

Die Tankstelle explodiert, die Menschen verlieren die Kontrolle über das Geschehen

Tankwart, der gerade einen Wagen voll tankt, fällt der Länge nach rückwärts zu Boden. Im Sturz lässt er den noch immer sprudelnden Zapfhahn fallen, aus dem nun ein giftig-gefährlicher Strom direkt auf uns zufließt. Der Vertreter will sich soeben eine Zigarette anzünden, lässt aber, verwirrt von den wilden Warnrufen, die ihm die Leute aus dem Restaurantfenster zuschreien, das Streichholz in das Benzin fallen, wendet sich halb um und wird in einer Feuersäule wie ein Kartoffelchip geröstet.

Wenig später ist Melanie im »Käfig des Unglücks«, der Telefonzelle, gefangen (wie Marion Crane in der Dusche); sie wirbelt herum und kämpft wie der Teufel in der Flasche. Der Film zeigt sie von oben, während sie sich in dem Inferno, das sich immer stärker verbreitet, um sich selbst dreht.[73] Ein unglücklicher Passant mit verbranntem Gesicht taumelt wie ein teuflischer Verehrer auf die Telefonzelle zu, als wolle er Melanie zum Tanz auffordern. Er starrt sie an, mit den geschockten, blicklosen Augen des Arbogast in *Psycho*, der mit zerschnittenem Gesicht rückwärts die Treppe hinunterfällt. Selbst der schlangenähnliche Löschschlauch, der einen starken Wasserstrahl über die Telefonzelle ergießt, scheint nach seiner eigenen, irren Musik zu tanzen.

Käfig des Unglücks

DIE VÖGEL GREIFEN AN! 103

Im Restaurant drängen sich die Gäste am Fenster. Vier fast wie Standaufnahmen oder Comic-Panels wirkende Bilder zeigen Melanies erstarrtes Gesicht mit dem wie zu einer Prophezeiung geöffneten Mund, während sie das Feuer beobachtet, das sich zunächst über die Benzinspur zu den Benzintanks weiterschlängelt – die in einer riesigen, pilzförmigen Wolke explodieren – und dann die Ortsmitte erfasst. Wie ich bereits erwähnte, zeigt der Blick aus der Vogelperspektive ein Feuer auf dem Studio-Parkplatz. In Bodega Bay wurde jedoch ein Auto wirklich in die Luft gejagt, um Hedrens Reaktionen realistischer wirken zu lassen.

Wie sich herausstellte, musste nicht nur Melanie, sondern auch Hedren selbst Feuerqualen erdulden. Wie sie mir erzählte, wurden ihre Augen trotz der schützenden Glasscheiben brennend heiß und blieben mehrere Tage lang flammend rot, so dass sie Augentropfen nehmen musste: »Es war furchtbar!« Ein künstlicher Vogel, der gegen die angeblich bruchsicheren Scheiben der Telefonzelle prallte, krachte durch das Glas in ihr Gesicht, wie Hedren erzählte, und winzige Glassplitter flogen ihr gegen die Wangen. »Im Film kann man sogar meine

Reaktion sehen.« Die Splitter mussten in der Studioklinik entfernt werden. Das riesige Spinnennetzmuster, das durch den Aufprall verursacht wird, stellt eines der im Film immer wieder vorkommenden Motive dar. Es symbolisiert wechselweise weibliche Sexualität und die Brutalität der Natur und war zuvor schon in der zerbrochenen Brille eines der Schulkinder zu sehen, dann im Rückfenster von Lydias Pick-up, als sie von der Fawcett-Farm davonraste, und im Rückfenster eines weiteren türkisfarbenen Lieferwagens, der in der Nähe des verbrannten Handlungsreisenden geparkt war.

Links: Entsetzt beobachten die Menschen im Restaurant, wie draußen das Chaos losbricht

Die Luftaufnahme (plötzlich ganz still, nur einige Vogelschreie sind zu hören) zeigt eine gezackte Feuerspur. Sie sieht aus wie eine Rune oder eine in das Wüstenplateau von Nazca, Peru, eingravierte Nachricht für die Himmelsgötter. Das ist ein hervorragendes Beispiel für das, was Hitchcock in einem anderen Kontext als »freie Abstraktion beim Filmen« bezeichnete. Sie erinnert mich an das Dreieck, die Visitenkarte des Rächers, das in *Der Mieter* über den Stadtplan Londons gezeichnet wurde. Hitchcock erklärte Truffaut, in *Die Vögel* habe er die Aufnahmen aus der Höhe gemacht, um die Topografie von Bodega Bay zu zeigen.[74] Als Kind mochte Hitchcock Landkarten und hat Fahrpläne auswendig gelernt, und diese Neigung wird hier in Form von Geometrie und Zahlen wieder lebendig. Aus der Luft starren die wie Aasgeier kreisenden Vögel ungerührt auf Bodega Bay hinab und machen die Häuser der Menschen, die Schule und den Ortsplatz zu ihrem eigenen Lebensmittelladen.

In Bodega Bay bricht die Zivilisation zusammen. Polizei und Feuerwehr sind hilflos. Ziemlich unpassend donnert ein Pferdefuhrwerk wie aus dem Wilden Westen (oder aus dem Covent Garden zur Zeit von Hitchcocks Eltern) durch die Szenerie und verstreut Kohlköpfe über die Straße. Mitch rettet die weinende Melanie aus der Telefonzelle und bringt sie in das Schutz bietende Restaurant. Ihre Erleichterung verwandelt sich jedoch sofort in Angst, als ihnen die unheimliche Stille bewusst wird – in diesem Film gewöhnlich das Präludium zur Entdeckung von Lei-

Zusammenbruch der Zivilisation

DIE VÖGEL GREIFEN AN!

chen. Hinter der Ecke treffen sie auf etwas, das kaum weniger fürchterlich ist: Dort sitzen die weiblichen Gäste und Kellnerinnen eng beieinander wie bei einem Bombenangriff oder Schiffbruch. Nach dem furchtbaren Spießrutenlauf, den Melanie seit ihrer Flucht von der Schule hinter sich hat, wird sie hier plötzlich von den anderen Menschen grausam ausgestoßen – das Letzte, was sie erwartet oder verdient hat. Als sei sie nackt, steht sie vor dem Tribunal der wütenden Gemeinde. Sie wird zum rituellen Sündenbock, wie in Shirley Jacksons »The Lottery«.

Sündenbock und Vampir
Die hysterische Mutter nähert sich Melanie wie eine Hexenbeschwörerin. Die Kamera nimmt Melanies (und damit unsere) Perspektive ein. »Die Leute hier haben gesagt, seit Ihrer Ankunft hat alles erst angefangen. Wer sind Sie? Woher kommen Sie? Was wollen Sie hier? Sie sind die Ursache für das Unheil. Sie sind böse!« Melanie hat genug von unmöglichen Müttern und versetzt ihr eine schallende Ohrfeige. Damit ist der Bann gebrochen, aber niemand stellt sich auf Melanies Seite. Die Vorwürfe der Frau sind zwar irrational und übertrieben emotional, aber sie enthalten eine mythische Überzeugungskraft, die nicht so leicht abzuschütteln ist: Auf einer bestimmten Ebene ist Melanie in der Tat eine Art Vampir und hat ein Gespür für die dunklen Botschaften der Natur.

Hand in Hand fliehen Mitch und Melanie die menschenleere Straße hinauf, als seien sie Adam und Eva, die von einem Höllenengel mit Flammenzunge aus dem Paradies vertrieben werden. Hitchcock selbst zitierte beißend aus *Das letzte Ufer* (*On the Beach*, 1959), einem Film, der die Zeit nach der Atomkatastrophe zeigt, einer erzählerisch schwächeren Parallele zu *Die Vögel*. Diese Szene erinnert besonders deutlich an Gregory Peck und Ava Gardner, die düster auf das letzte Kapitel der globalen Zerstörung warten.[75] Die einzigen anderen Lebewesen hier sind Krähen, die auf dem Schuldach und dem Klettergerüst aufgereiht sitzen – Ruhepause nach der Mahlzeit?

Als sich Mitch und Melanie Annies Haus auf der anderen Seite des Spielplatzes nähern, fährt die Kamera gleichmäßig in einer

Hitchcock gibt Regieanweisungen für die Szene bei Annies Leiche

Mitch bedeckt Annies blutige Augen, Melanie würgt

DIE VÖGEL GREIFEN AN!

für Hitchcock charakteristischen Weise weiter am weißen Gartenzaun entlang, und wir strengen uns an, um durch die Zwischenräume etwas zu sehen. Annies lebloser Körper liegt wie eine fallen gelassene Puppe oder ein gestürztes Mannequin da, ihre Beine verdreht auf der Treppe. Durch die blutigen Wunden auf ihren nackten Beinen wirkt sie wie ein Mordopfer, das zuvor vergewaltigt worden ist. In diesem Bild verbindet sich Lydias Flucht aus dem Haus Fawcetts mit dem Anblick der Leiche, vor dem sie flieht. Doch hier ist es schlimmer: Der Körper eines Menschen, der schutzlos den Elementen ausgesetzt wird, war schon lange vor Sophokles' »Antigone« ethisch unerträglich. Mitch hält nicht nur Melanie zurück – die Untersuchung einer Leiche ist ohnehin Männersache –, sondern auch uns, indem er Annies vermutlich ausgepickte Augen mit leicht gewölbter Hand bedeckt. Als morbides Detail hat es Hitchcock irgendwie geschafft, eine Fliege dazu zu bringen, über Annies Bein zu laufen. »Ich könnte nicht einmal einer Fliege was zu Leide tun«, sagt Norman-die-Mutter am Ende von *Psycho*.

»Cathy! Wo ist Cathy?«, schreit Melanie schrill, die zusammengekrümmt am Zaun steht, als müsse sie sich jeden Augenblick übergeben. Ihre Stimme klingt dünn und kindlich. Die traumatischen Erlebnisse haben ihr einen Schock versetzt, vielleicht verspürt sie auch eine freudsche Schuld am Tod ihrer Rivalin, durch den das erotische Dreieck weniger kompliziert wird. Sie scheint sich zurückzuentwickeln – und das hält bis ans Ende des Films an. Sie wird allmählich zu einem Kind wie Cathy, die übrigens gesund und tapfer hinter einem Fenster mit Vorhang ihr tränenüberströmtes Gesicht zeigt. Hier seufze ich immer verärgert auf, denn ich wäre nur allzu bereit, die kleine Iphigenie Brenner zu opfern, nur um noch ein paar Szenen mit Suzanne Pleshette sehen zu dürfen.

Melanie muss den wütenden Mitch davon abhalten, einen Stein in die Vogelschar zu werfen: Jetzt werden wir buchstäblich in das Steinzeitalter zurückgeworfen, nachdem die Maschinen des technischen Zeitalters versagt haben und sich die Wissen-

Annie Hayworth mag zwar tot sein, aber Suzanne Pleshette lebt!
(Aufnahme während der Dreharbeiten in Bodega Bay)

DIE VÖGEL GREIFEN AN! 109

schaft als unfähig erwiesen hat, die grausamen Mysterien der Natur zu erklären. Als Mitch traurig seine Jacke über Annies Oberkörper und Gesicht legt, denken wir gemeinsam mit ihm über seinen Anteil an dieser Tragödie nach, denn schließlich war er die Ursache dafür, dass Annie nach Bodega Bay gezogen ist.

Melanie und die zitternde Cathy umarmen sich verzweifelt, und Mitch muss Melanies Arm schütteln, als er ihr die Handtasche reichen will. Es kann als Zeichen ihrer Degeneration (oder ihrer völligen Neuerschaffung) angesehen werden, dass sie damit schon zum zweiten Mal hintereinander ihre Handtasche vergisst – die Bedienung musste ihr die Handtasche nachtragen, als sie und Mitch das Restaurant verließen. Auch die zänkische und bei Einkäufen äußerst geschäftstüchtige Lydia ließ in einer Extremsituation ihre Handtasche zurück. Über Melanies Sportwagen wird zum ersten Mal das nicht sonderlich widerstandsfähige Klappverdeck – noch ein Käfig, der zugedeckt wird – geschlossen. Im Auto erzählt die schluchzende Cathy, dass sie mit Annie vor die Haustür getreten sei, als sie die Explosion im Ort hörten: »Auf einmal waren die Vögel überall!« Annie schob Cathy in das Haus zurück, stürzte dann aber selbst – ein weiteres Opfer des unvorsichtigen Rauchers bei der Tankstelle. Hitchcock sah das in milderem Licht: »Sie opferte sich, um die Schwester des Mannes zu schützen, den sie liebte. Es war ihre letzte große Geste.«[76]

5 | Psychodrama der weiblichen Macht: Gefangenschaft und Zähmung

Der Übergang zum langen letzten Teil des Films wird von einem hämmernden Lärm eingeleitet, das Präludium einer Kreuzigung. Die Kamera hält die Fassade des Hauses der Brenners fest, deren Fenster ungleichmäßig mit halb zersplitterten und verwitterten Brettern vernagelt wurden. Sogar die Architektur degeneriert: Mitch hat offenbar eine Scheune niedergerissen, um mit dem Abbruchholz sein Haus in einen Bunker ohne Tageslicht zu verwandeln.

Jetzt sind wir im Zeitalter der Höhlenbewohner angekommen. Mitch steht in dunkelgrüner Hose hoch oben auf einer Leiter und vernagelt ein Dachfenster. Melanie reicht ihm ein großes Stück Holz hinauf, als trage sie ihr eigenes Kreuz: Dort oben, im Dachgeschoss des Hauses, ist ihr ein schicksalhaftes Erlebnis vorbestimmt. Mitch, der umsichtige Hausherr, bereitet sich auf eine krisenhafte Zuspitzung der Luftangriffe vor.

Als *Die Vögel* gedreht wurde, hatten die Amerikaner gerade eine Phase des Kalten Kriegs hinter sich, in der ein Luftschutzkeller oder zumindest ein Vorratslager für Lebensmittel und Wasser auch für Privathaushalte empfohlen wurden (auch mein Vater legte im Keller ein Vorratslager an). Das Paar blickt besorgt nach Bodega Bay hinüber: Aus dem Sumpfgebiet steigen Vögel auf, und über dem Ort in der Ferne hängt eine schwarze Rauchwolke, als läge dort Berlin oder Sodom. War das die Rache der Vögel für die Feuerbestattung, die Mitch an ihren Artgenossen durchgeführt hatte? **Kalter Krieg**

»Die Telefonleitung ist tot«, sagt Melanie. Zum ersten Mal kann sie ihren Vater nicht mehr erreichen, der sie immer beschützt hatte. Das bedeutet zugleich das Ende des Telefonthemas, das seinen Höhepunkt erreicht hatte, als Melanie vergeblich versuchte, mit dem Münzfernsprecher zu telefonieren, jedoch in Panik und ohne ihre Geldbörse. Lydia ruft sie herein, um gemeinsam den Rundfunknachrichten aus San Francisco zu lauschen, ihrer letzten Verbindungsmöglichkeit zur Außenwelt (ein Detail, das von du Maurier stammt). Der Nachrichtensender berichtet über die Vorkommnisse in Bodega Bay: Ein Mädchen sei ernsthaft verletzt worden – wahrscheinlich ist das Kind mit dem zerkratzten Gesicht gemeint, das Melanie bei der Flucht der Schulkinder in das Auto gezogen hatte. Es sei ins Krankenhaus in Santa Rosa gebracht worden. **Abgeschnitten von der Außenwelt**

Lydia macht sich Sorgen über die Dachfenster und will, dass sie das Haus verlassen, aber Mitch hält das für zu gefährlich. An dieser Stelle dreht Lydia fast durch und schreit: »Wäre doch nur dein Vater hier!« Die weinende Cathy stellt sich zwischen sie.

Hier werden die entmannenden Kräfte gezeigt, die im Haus der Brenners wirksam sind, aber vom Drehbuch viel zu selten aufgezeigt werden. Bevor Melanie und Mitch das Haus für die Nacht verrammeln, holen sie Brennholz von draußen herein. Vor der Haustür bleiben sie kurz stehen und beobachten einen riesigen Schwarm Möwen, der über sie hinweg landeinwärts zieht, wahrscheinlich auf den flach ausgebreiteten Ort Santa Rosa zu – dessen dämliche Polizei Dan Fawcetts Tod für einen Mord im Zusammenhang mit einem Einbruch gehalten hatte. Noch während Melanie und Mitch aus dem Haus gehen, hört man die Stimme des Präsidenten aus Washington, der offenbar über ganz andere Dinge spricht, woraus gefolgert werden darf, dass die politische Macht im Angesicht der zornigen Natur völlig inkompetent erscheint.

Die Nacht der Luftangriffe beginnt damit, dass Lydia wie eine Priesterin vor dem Schrein neben dem Klavier unter dem Bild ihres Mannes sitzt. Auch in Annies Klassenzimmer hing eine

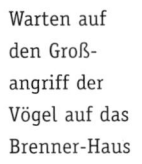

Warten auf den Großangriff der Vögel auf das Brenner-Haus

tote Vaterfigur an der Wand, nämlich George Washington, der »Vater der Nation«. Lydia hat sich so sehr abgekapselt, dass Cathy bei Melanie auf dem Sofa Schutz sucht, während der treue Mitch an den inneren Grenzen Wache schiebt, alles noch einmal kontrolliert, verstärkt und verriegelt. Er war sogar so gewitzt, wie wir noch sehen werden, die Glastüren mit riesigen Scheunentoren zu verrammeln.

Es ist eine Nachtwache. Die Sperlingspapageien mit ihren winzigen Gehirnen, wie Mrs. Bundy sagte, wurden von der ihnen feindlich gesinnten Lydia in die Küche verbannt. Ihr Käfig steht direkt neben dem Herd, auf dem so viele ihrer Artgenossen gebraten worden waren. Freundlich beobachten sie Mitch, der mit besorgter Miene an ihnen vorbeigeht. Das Vogelpärchen wirkt so erheiternd wie Hitchcocks Hunde in der ersten Szene. Doch hier unterlief Hitchcock einer seiner wenigen Fehler in der Bilderabfolge: In der Nahaufnahme sitzen die Vögel still da, obwohl man unmittelbar zuvor noch auf der Küchentür ihre sich bewegenden Schatten gesehen hatte.

Wie benommen versucht Lydia, mit vertrauten häuslichen Ritualen ihre Orientierung wieder zu finden. Langsam stellt sie die Tassen und die Kaffeekanne auf ein Tablett und trägt es in die Küche, wobei sie kurz vor den im Bild nicht zu sehenden Sperlingspapageien hinter der Tür zurückzuckt. Als sie zurückkommt, muss sich Cathy übergeben, aber ihre apathische Mutter macht keine Anstalten, ihr zu helfen. Melanie bringt das Kind zur Toilette. Als sie zurückkehren, presst Melanie ein weißes Taschentuch gegen Cathys Stirn, genau so, wie Mitch im Restaurant das Blut auf Melanies Wunde gestillt hatte. (Hitchcock hatte seit frühester Kindheit große Abscheu davor, sich zu übergeben, wie Spoto berichtet.)[77] Aus engem Winkel aufgenommen, beobachtet Lydia kühl und müde diese Handlungen.

Hier sehen wir eine interessante Aufnahme: Aus tiefem Blickwinkel werden die schmalen Fußgelenke und Beine Melanies gezeigt, während sie sich auf dem Sofa niederlässt und die Beine elegant übereinander schlägt, wobei sie einen Fuß sehr schön bewegt. Hitchcock betont die Linie ihrer Beine sehr geschickt mit den diagonalen Brettern des Scheunentors, die hinter ihr zu sehen sind. Die Szene bietet eine geradezu zoologische Ausstellung von Beinen: Der muskulöse Mitch sitzt auf der Klavierbank, mit animalisch wirkender Anspannung leicht über seine weit geöffneten Schenkel gebeugt. Lydia ist in blasses, herbstliches Braun und Grau gekleidet und sitzt mit steif ausgestreckten Beinen da; ihre Knie werden durch einen Tweedrock verhüllt. Cathys dünne, vorpubertäre Streichholzbeine stecken in keuschen, wollenen und himmelblauen Kniestrümpfen. Melanie trägt ihren kurzen, eher enthüllenden Rock und modisch hochhackige Schuhe. Anmutig streckt sie ihre langen, glatten Beine aus, die mit glänzenden Strümpfen bekleidet sind und dadurch noch deutlicher wie polierte Kunstgegenstände aussehen. Wie bei den Eleusinischen Mysterien bekommen wir hier drei Stadien der weiblichen Entwicklung zu sehen, von der Jungfräulichkeit über die sexuelle Reife bis hin zur Menopause.

Attacke auf das Brenner-Haus

Buchstäblich von dem Augenblick an, in dem Melanie ihre Beine übereinander schlägt, beginnen die Angriffe der Vögel.[78] Wurden sie durch Lydias hexenhafte Bösartigkeit hervorgerufen? Ein warnendes oder auch freudiges Zwitschern ist außerhalb des sichtbaren Geschehens von den Sperlingspapageien zu hören. Dann beginnt auch schon ein ohrenbetäubendes Kreischen, das widerhallt, als würde ein Stück Blech geschüttelt. Lydia taumelt hoch, Cathy verlässt sofort Melanie, die den Mut zu verlieren scheint, und wirft sich in die Arme der Mutter. Mutter und Tochter sind wieder aneinander gebunden. Sie laufen wie gejagte Tiere im Zimmer herum – Hitchcock verglich sie mit »Ratten, die in ihre Ecken rennen« – und sinken schließlich wieder neben dem Buchregal hin.[79] Lydia geriete in Panik, erklärte Hitchcock Bogdanovich, weil sie nicht stark wäre, das sei alles nur Fassade: Architektonisch betrachtet, stürzt sie in sich zusammen.

Hitchcock verfügte noch nicht über die Möglichkeiten des elektronischen Soundtracks; ein Musiker musste auf einer mit Mikrofon ausgestatteten kleinen Trommel Donnerschläge erzeugen, damit die in dieser Szene auftretenden Schauspieler etwas hatten, worauf sie reagieren konnten. Melanie steht im Begriff, den Verstand zu verlieren, und krümmt sich auf der Couch in sich zusammen, wobei sie die Beine hochzieht und sich halb ohnmächtig so weit zurücklehnt, dass sie den Lampenschirm zerbricht. Hitchcock sagte, hier habe er den Blickwinkel so gewählt, dass die Angst vor dem Unbekannten zum Ausdruck komme. Die Kamera habe er in einer gewissen Distanz gehalten, um zu zeigen, dass Melanie vor dem Nichts zurückweicht.[80]

Melanies Bewegungen sind allerdings maßlos übertrieben, sie sieht aus wie eine jener Frauen, die in den Scream-Filmen der fünfziger Jahre vor Angst kreischend fast zerflossen. In diesen Filmen wurden Frauen immer genüsslich von jugendlichen Missetätern oder von Marsmenschen verfolgt. (In *Marnie* lässt Hitchcock Hedren ihre Gestik aus *Die Vögel* wiederholen, als sie sich auf das Sofa in der Hochzeitskajüte des Schiffes kauert.) Am Ende presst sich Melanie gegen den Kaminsims und scheint – wie Lydia beim Vogelangriff durch den Kamin – kurz davor, den Verstand zu verlieren. Man hat den Eindruck, das Haus sei von aggressiven Geistern verhext, wie in klassischen Gruselfilmen im Stil von *Bis das Blut gefriert* (*The Haunting*, 1963).

Mittlerweile entwickelt Mitch hektische Aktivität. Vögel hacken auf seine Arme und Hände ein. Er reißt ein Lampenkabel aus der Steckdose, um damit einen Fensterladen festzubinden, und wird von seiner eigenen Mutter fast erwürgt, die panisch um sich greift und sich an ihn klammert (vgl. Mrs. Bates in ihrem Schaukelstuhl). Einen passenderweise dastehenden, recht schweren Schirmständer, der wie der Zigarettenautomat im Restaurant mit einem Spiegel ausgestattet ist, funktioniert er zu einer dadaistischen Barrikade um. Damit verstärkt er die moderne Sperrholztür, die von den Möwenschnäbeln problemlos durchgehackt wird (tatsächlich handelt es sich nicht um Schnäbel, sondern um Ahlen, die von Fäusten in das Holz getrieben werden). Raymond Durgnat vergleicht treffenderweise das Haus der Brenners mit dem Blockhaus aus der ruhmreichen amerikanischen Geschichte, in das blutrünstige Indianer mit ihren furchtbaren Schnabel-Tomahawks eindringen.[81] Ein Sägemehlgestöber rieselt zu Boden. Haben die Vögel wirklich vor, ihr eigenes Schicksal, ausgestopft zu werden, den Menschen zu bereiten? Hitchcock sagte, in *Psycho* habe Norman seine Mutter mit Sägemehl gefüllt.

Dann fällt plötzlich der Strom aus, offenbar, weil draußen die Kabel durchgehackt wurden. Jetzt wird die Situation vollends trostlos. Aber die unberechenbaren Vögel ziehen sich zurück. »Sie ziehen ab«, sagt Mitch erstaunt, und wir sehen eine der am deutlichsten stilisierten Sequenzen des Films: Die Köpfe der drei Hauptakteure werden dramatisch von unten aufgenommen, von der Seite her im flackernden Hell-Dunkel des Feuers beleuchtet. Zuerst taucht Mitchs Gesicht im wahrsten Sinne des Wortes auf und wirkt wie verloren vor der Zimmerdecke, die schwer wie der Deckel eines Käfigs oder einer Kiste wiegt. Dann sehen wir Melanies Kopf; Schatten höhlen ihre Wangen aus und modellieren ihr hübsches Kinn, darüber ihre weit aufgerissenen Augen, die an Carl Dreyers leidende Johanna von Orleans erinnern. Als auch Lydias Kopf in den leeren Raum hineinragt, fährt die Kamera zurück und zeigt alle drei Personen in voller Größe. Bewegungslos stehen sie da, lauschen, zu Stein erstarrt wie begrabene Kolosse. Sie sind so isoliert wie die stabförmigen Menschengestalten Giacomettis oder die Leute, die auf der Kon Tiki Wache schoben. Die Angst einigt sie wie die Überlebenden des Blitzangriffs auf London. Diese Szene ist so wunderbar dargestellt wie in einem richtigen Theater.

In der unterirdischen Düsternis geht jedes Zeitgefühl verloren. Fast alle schlafen ein. Im Kamin brennt ein lustiges Feuer,

Der Wachtposten der Vögel (Nosey, die zahme Krähe) pickt Mitch, als er das Haus verlässt

die einzige Licht- und Wärmequelle, die den Höhlenbewohnern geblieben ist. Plötzlich brechen die Holzscheite auseinander. Lydia schläft kerzengerade auf der Klavierbank; ihr Kopf ist wie bei einer Toten auf die Brust gesunken. Sie sieht wie die wilde Rote Königin aus, die sich in tiefem Schlaf schnarchend gegen Alice lehnt. Cathy hat sich unter einer Decke auf dem Sofa zusammengerollt, und Mitch, der wie einer der Verdammten aus Michelangelos *Jüngstem Gericht* aussieht, hat sich erschöpft in einen Sessel geworfen. Seine rechte Hand liegt im Schoß, sein Kopf ruht auf der verbundenen linken Hand. Die Bandage besteht aus der heraldischen weißen Stoffserviette, die den Weg vom Vogelkäfig über die Kinderstirn zu Mitch gefunden hat.

Nur Melanie ist wach, und auch hier ist sie der Kanarienvogel in der Kohlengrube: Als sie ein flatterndes Geräusch hört, will sie zuerst Mitch aufwecken, entschließt sich dann aber doch, ihn ausruhen zu lassen. Sie greift nach der Taschenlampe, die Mitch irgendwo in der Küche zu Tage gefördert hatte, als der Strom ausfiel, und schaut zuerst nach den Liebesvögeln. Aber als sie sieht, dass die Vögel ruhig sind, steigt sie zum Dachgeschoss hinauf, um dort nachzuschauen. Sie bewegt sich wie in Hypnose, getrieben von ihrer Aufgabe. Manche Kritiker meinen, Melanie verhalte sich ausgesprochen dumm und selbstmörderisch, als sie die Treppe hinaufsteigt, aber mir scheint das eher ein positives Zeichen dafür zu sein, dass sie zu ihrer früheren Unabhängigkeit und Eigeninitiative zurückfindet, als sie noch eine Vorliebe für diese Art von Detektivarbeit hatte. Sie macht ihrem Namen Ehre: Daniel(s) steigt in die Löwengrube.

Melanie zögert, als sie vor einer weiteren Tür ankommt; ihre Hand mit den glänzenden rot lackierten Fingernägeln, die vom Strahl der Taschenlampe beleuchtet wird, schwebt in der Nähe des Türknaufs. Leicht nebelhaft wirkende Nahaufnahmen zeigen, dass Hedren auch in dieser Szene ängstliche Gedanken fast sichtbar zum Ausdruck bringt, eine ebenso faszinierende schauspielerische Leistung wie in der Szene beim Klettergerüst vor der Schule. Hitchcock meinte zu ihrer Leistung in diesem Film: »In

Melanie in der Löwengrube

Hedrens Gesicht gibt es keine überflüssige Mimik. Jeder Gesichtsausdruck besagt etwas.«[82] Als Melanie die Tür öffnet, erblickt sie zunächst ein unregelmäßiges Loch im Dach, durch das der strahlend blaue Himmel zu sehen ist. Es ist also schon Morgen. In Sciencefiction-Filmen wie *Die Reise zum Mittelpunkt der Erde* (*Journey to the Center of the Earth,* 1959) bedeutet ein solcher Lichtblick normalerweise, dass die Befreiung nahe ist. In dieser Szene jedoch sieht das Loch aus, als sei es von einer Bombe in das Dach gerissen worden oder als sei der Strahlenschutzschild eines Raumschiffs teilweise ausgefallen, so dass böse Kräfte von außen eindringen können. Der blaue Fleck erinnert mich an das zerbrochene Bordellfenster in Picassos »Les Demoiselles d'Avignon«, von dem aus ein Wohnzimmer zu sehen ist, in dem sich Raubtiere aufhalten. Auch im Film selbst gibt es eine Parallele: das zerbrochene Fenster, das Lydia als Erstes in Dan Fawcetts zerstörtem Schlafzimmer erblickt.

Als Melanie den Strahl der Taschenlampe durch den Raum wandern lässt, flattert ein Schwarm Vögel vom Bett und von den Dachbalken auf, und plötzlich bricht die Hölle los. Hier haben wir wieder das Klettergerüst, aber dieses Mal wird Melanie mit den Vögeln zusammen in der Telefonzelle eingesperrt. Das weiße Himmelbett und die auf dem Boden verstreuten Kinderbücher deuten an, dass es sich hier um das Schlafzimmer einer Jungfrau handelt – eine Jungfräulichkeit, die bereits mehrfach vergewaltigt wurde, noch bevor die Massenvergewaltigung Melanies beginnt. In *Die Vögel* sind Schlafzimmer als sexuelles Symbol immer auch Hauptschauplätze wilder Brutalität.

Wie ein Sturm mit wellenhaft an- und abschwellendem Lärm fallen die Möwen und Krähen über Melanie her. Hitchcock wollte hier drohende Schwingungswellen erzeugen. Wir hören aber nur das Schlagen der Flügel, nur wenige Vogelschreie und überhaupt keinen Schrei von Melanie. Manchmal nimmt die Kamera ihre Perspektive ein, so dass die Vögel mit übernatürlich weit aufgerissenen, fast auseinanderklaffenden Schnäbeln direkt in unsere Gesichter zu fliegen scheinen. Melanie versucht, sich mit der

Taschenlampe zu verteidigen – was den Versuch symbolisieren soll, das Geschehen logisch zu begreifen –, und die Taschenlampe wirkt wie die Fackel der Freiheitsstatue in *Saboteure* oder wie das bedrohte Freiheitslicht in Picassos von Tieren und vom Grauen des Krieges erfüllten Gemälde »Guernica«. Wie ein Pendel schlägt ihr Arm vor und zurück, und der Lichtstrahl blitzt wie ein Stroboskoplicht durch den chaotischen Raum. Hier wird man an Marions Fahrt in *Psycho* erinnert – an die immer schlechter funktionierenden Scheibenwischer und die blendenden Scheinwerfer entgegenkommender Autos. Die Lichteffekte vermitteln auch eine Vorahnung auf die Spezialichteffekte in psychedelischen Diskotheken, in denen die Überreizung der Sinne geradezu unverzichtbar war: Melanie wirkt manchmal wie ein überspannter Partygast, der umfällt, während die anderen weiter toben. Die Figur der Melanie ist auch die Vorwegnahme einer weiteren Erbin eines Zeitungsimperiums: Patty Hearst, die 1974 von einer raubtierähnlichen Bande (der »Symbionese Liberation Army«) entführt und in einem Schrank gefangen gehalten wurde.

Melanie reißt beide Arme in die Höhe (wie die Christus-Darstellungen in *Ich beichte*); sie wird gleichzeitig gegeißelt und gekreuzigt, ihre Kleidung wird zerfetzt, ihre seidige Haut von den Schnäbeln zerhackt. Ihre Wäsche, durchlöchert und verrutscht, sieht wie eine zweite Haut aus, die ihr abgezogen wird. Sie ruft nach Mitch, aber ihre Stimme ist viel zu schwach, um gehört zu werden (ihr letzter Gedanke gilt Cathys Sicherheit). Sie kracht gegen die halb geöffnete Tür, wodurch die anderen geweckt werden. In einer wunderbar choreografierten Bewegung sinkt sie mit überkreuzten Beinen zu Boden, womit die Sequenz ihren Abschluss findet, die mit ihren übereinander geschlagenen Beinen auf dem Sofa begonnen hatte. Nun blockiert Melanies Körper die Tür und behindert so ihre Rettung. Es ist, als stünde der Raum unter Wasser, als sei sie eine Schwimmerin, die von Piranhas oder kleinen Haien umgeben ist. Wood sieht sinnliche Hingabe und Unterwerfung in ihrer Gestik, »ein verzweifeltes Verlangen nach Vernichtung«.[83]

PSYCHODRAMA DER WEIBLICHEN MACHT 119

Eine Möwe gibt Melanie einen sadistischen Kuss in den Nacken

Bevor Mitch sie wie einen Sack Kartoffeln herauszieht (vgl. *Frenzy* oder auch die in einen Plastiksack verpackte Marion in *Psycho*), wird Melanie von den Vögeln schwer heimgesucht, die auf ihre Brüste einhacken und wütend an ihren lackierten Fingerspitzen herumpicken. Es wirkt geradezu komisch, wenn ihre Stöckelschuhe als Letztes aus dem Blickfeld verschwinden: Der letzte Tanz des raffinierten Biests aus dem Westen ist zu Ende. »Armes Ding!«, sagt Lydia – im Original dieselben Worte, mit denen Annie und Mrs. Bundy die Vögel bedauerten –, die sich mutig in die Türöffnung gestellt und die Vögel zurückgeschlagen hat.

Unten wird Melanie auf das Sofa gebettet; sie scheint einen Nervenzusammenbruch erlitten zu haben. Mit weit aufgerissenen Augen erblickt sie die Kamera und schlägt wild nach ihr, die zurückzuckt, um ihr auszuweichen: Hitchcock und die Zuschauer sind ebenfalls hungrige Vögel. Melanie halluziniert wie ein Hippie-Girl auf einem Trip mit billigem Stoff. Und wie Annie verabreicht ihr Mitch jetzt Brandy und nicht etwa ein Desinfektionsmittel wie Peroxid, doch Lydia hält tatsächlich ein solches Mittel in der Hand, mit dem sie Melanies Wunden abtupft. Dann verbindet sie die Wunde an Melanies Stirn – mit einer (Ödipus-)Augenbinde wie im Spiel Blindekuh. Melanie die Jet-Setterin wurde zuerst zur Landstreicherin, um jetzt völlig mit dem Geburtstagskind Cathy zu verschmelzen.

Melanies Verletzungen müssen medizinisch behandelt werden und stellen den Anlass für die Entscheidung dar, aus Bodega Bay zu fliehen. Mit außerordentlicher Vorsicht schleicht Mitch aus dem Haus an den zwitschernden Vogelmassen vorbei, die auf den Zäunen, Dächern und Ästen sitzen. Sie sind wie ein Lynchmob, der sich vor dem Palast versammelt hat. Hier finden sich verschiedene Vogelarten zusammen, obwohl Mrs. Bundy behauptet hatte, dass Vögel das niemals tun würden. Für diese Szene wollte Hitchcock, wie er selbst erklärte, »eine elektronische Stille, eine Art tiefes Summen«; es sollte das entfernte Meer und auch die Sprache der Vögel andeuten.[84] Wie auch die übrigen elektronischen Effekte des Films, wurde dieses Geräusch durch ein Trautonium erzeugt, ein atonales Keyboard, das von Remi Gassmann und Oskar Sala entwickelt worden war, die Hitchcock in Westberlin einen Monat lang konsultierte.

Flucht

Mitch holt Melanies Sportwagen aus der Garage, die seltsamerweise mit einem Dachfenster ausgestattet ist (ein ähnliches Loch schlugen die als Architekten nicht qualifizierten Vögel in das Dach über dem Schlafzimmer). Lydias Lieferwagen hat zwar eine geschlossene Fahrkabine aus Metall, ist aber nicht schnell genug – wie seine alternde Besitzerin. Aber wo ist Mitchs eigener, geschlossener Wagen, der doch so viel sicherer wäre? Entweder steht er noch auf dem Parkplatz vor dem Restaurant, wo er möglicherweise ausgebrannt ist, oder vor der Fawcett-Farm. Mitch könnte von dort von einem schnellen Polizeifahrzeug zum Restaurant mitgenommen worden sein, nachdem Melanie angerufen und die Nachricht vom Angriff auf die Schule mitgeteilt hatte. In einem Hitchcock-Film werden solche kleinen Details der Handlung immer sicher und geschickt ausgearbeitet.

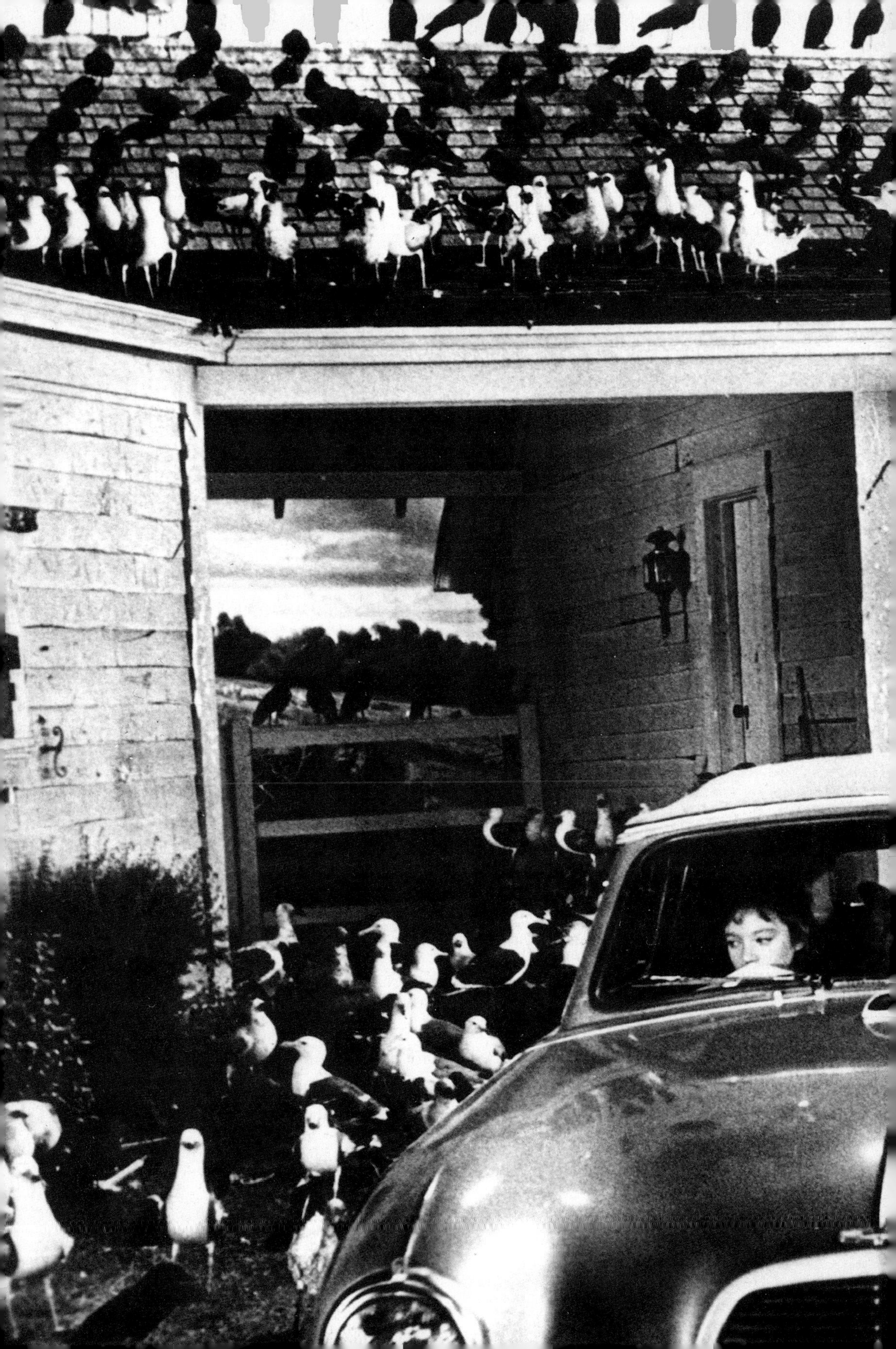

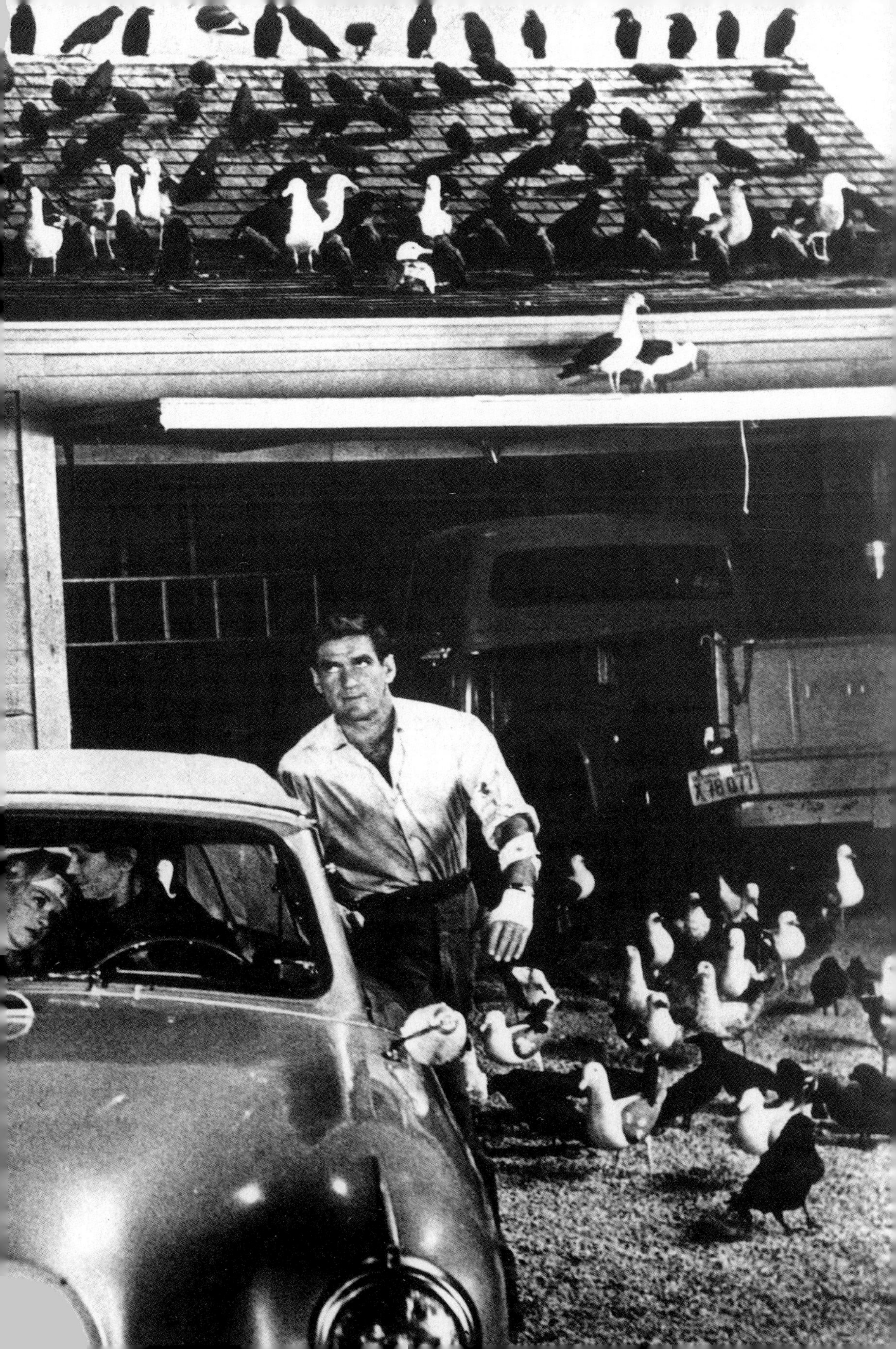

Seite 122/123: Die Flucht aus dem Haus der Brenners läutet den Schluss des Films ein

Schlussszene

Im Autoradio hört Mitch, dass sich Bodega Bay genau im Epizentrum der Katastrophe befindet, dass die meisten Einwohner die Stadt verlassen hätten und dass erwogen werde, das Militär in das gefährdete Gebiet zu entsenden. Weitere Angriffswellen habe es auf Santa Rosa und Sebastopol gegeben, sagt der Sprecher, womit er Vorstellungen von einer in einen Urozean zurücksinkenden Zivilisation weckt. Manche Kritiker beklagen, dass der Sportwagen völlig geräuschlos aus der Garage und an den zwitschernden Vögeln vorbeifahre, aber ich höre, dass Mitch den Wagen startet und nur einmal kräftig Gas gibt, so dass der Wagen mit dem Motor im Leerlauf in den Vorhof hinausrollt.

Melanie sitzt traurig wie die Stoffpuppe der kleinen Waise Annie aus dem Comic-Strip von Harold Gray in ihrem Pelzmantel da. Ihr Kopf ist verbunden, als führe sie die neueste Mode von turbanähnlichen Schals vor. Der Anblick dieser katatonischen Melanie ruft bei den Zuschauern häufig Gelächter hervor – worüber sich der Drehbuchautor Hunter ärgerte, als er es zum ersten Mal hörte. Aber hier haben wir wieder einmal Hitchcocks charakteristischen schwarzen Humor: Er ringt dem Publikum das Eingeständnis ab, dass wir eine klammheimliche Freude empfinden, wenn wir sehen, wie tief die Mächtigen gefallen sind. Melanie erkennt ihren eigenen Wagen nicht, der im schimmernden Morgenlicht wie der Streitwagen des Sonnengottes glänzt. Beim ersten Blick in den von Vögeln gefüllten Hof gerät sie in Panik und muss zum Auto halb getragen werden, wo sie in die zärtlichen Arme der offenbar jetzt alles vergebenden Lydia auf dem Klappsitz sinkt. Die Szene erinnert an die Schlussszene von *Berüchtigt*, in der die halb bewusstlose Heldin ebenfalls von der Gefangenschaft aus einem im oberen Stockwerk gelegenen Schlafzimmer gerettet wird und unter den misstrauischen Blicken von Nazis in Smokings zu einem Auto gebracht wird – nur haben wir es hier mit einer Ansammlung von Krähen auf einem Zaun zu tun!

Cathys Wunsch, die Liebesvögel mitnehmen zu dürfen (»Sie haben doch keinem was getan«), wird allgemein als Zeichen der

Hoffnung interpretiert, dass sich die Menschheit wieder erholen wird, eine Hoffnung, die durch das wie ein Regenbogen glänzende Morgenlicht unterstrichen wird. *Die Vögel* endet wie *Psycho*: Ein Auto schießt aus dem schwarzen Morast der Mutter Natur heraus. Werden also die feindselig zuschauenden Vögel plötzlich zu Friedenstauben? Aber während der Wagen langsam davonfährt, setzen laute Vogelschreie ein und steigern sich zu einem dauerhaften Kreischen.

Die psychologische Dynamik der Schlussszene lässt sich auf zweierlei Weise deuten. »Lydia wurde die Mutter, die Melanie nie hatte«, erklärt Wood, fragt sich aber, ob Lydia Melanie schon allein deshalb akzeptiere, weil sie sie in den Arm genommen habe, oder ob sie damit nur einen neuen mütterlichen Besitzanspruch ausdrücken wolle. Ferner fragt Wood, ob dieser Augenblick bedeute, dass sich Melanie »zu wahrer Weiblichkeit entwickelt oder schließlich in kindliche Abhängigkeit zurückfällt«.[85] Hedren erklärte mir über Lydia: »Ich dachte, sie akzeptiert die Tochter und dass sie danach glücklich zusammen weiterlebten!« Hedren war auch überzeugt, dass Melanie wieder auf die Füße finde: »Melanie Daniels ist eine *starke Frau* – ohne jeden Zweifel!«

Ich bin jedoch überzeugt, dass Hitchcock das Filmende in dieser Hinsicht zweideutig gestaltete: Die Hände der Frauen umklammern sich innig. Aus Lydias Perspektive sehen wir, dass Melanies einst perfekt maniküre Nägel jetzt wie die Titelschrift des Films zerhackt sind. Die Umklammerung erinnert mich an die bronzefarbenen Hände der Mutter in *Psycho*, mit denen sie sich im Schlafzimmer an das Handgelenk des Sohnes klammert. *Psycho* endet damit, dass die Mutter letztlich die Oberhand behält und der Sohn in der Klapsmühle landet. Wessen Klaue behält in *Die Vögel* die Oberhand? Ich stimme Margaret M. Horwitz' Sichtweise zu, dass Lydia siegreich erscheint und dass sie und die Vögel die Oberhand gewonnen haben.[86] Melanie ist nun eine »beschädigte Ware«, und als solche passt sie auch besser in Madonna Lydias *pietà*. Das entspricht ungefähr den Wandgemälden der »Villa der Mysterien« in Pompeji, auf denen eine der

Frauen ihren Kopf erschöpft auf den empfangsbereiten Mutterschoß legt.

Die unartige Jungwölfin Melanie jedenfalls ist auf ihren biologisch vorbestimmten Platz in der Hackordnung zurückgestoßen worden. Horwitz glaubt, dass sich Melanies Niedergang auch in der Art und Weise widerspiegelt, in der der Film ihr Auto behandelt: Zuerst gibt ihr das Auto die Macht, nach Bodega Bay zu fahren, dann steuert Mitch das Auto, und schließlich wird sie auf den Rücksitz verbannt – und wird zu einem der beiden Kinder, mit Lydia als Mutter und Mitch als Vater (und Ödipus-Sohn). Seltsamerweise wirkt nun Mitch wie ein Eindringling, als er sich in den Fahrersitz setzt und mit spinnenhafter Hand Lydia aus ihrer verträumten Zweisamkeit mit Melanie reißt.

Offenes Ende Hitchcock achtete bewusst darauf, dass das Ende dieses Films offen blieb, und wollte, dass auch die Schrift »The End« nicht auf der Leinwand erschien. Auch damit wollte er die Zuschauer verunsichern. Bei den Probevorführungen stellte die Filmgesellschaft jedoch fest, dass das Ende das Publikum verwirrte, und ordnete an, dass die Schrift erscheinen solle. Die gegenwärtig verfügbare Videoversion von MCA Universal berücksichtigt hingegen Hitchcocks Wunsch und blendete die Schrift wieder aus. Sollten sich die Zuschauer fragen, was in der Geschichte als Nächstes geschieht, so wäre das kein Zufall, denn das Originaldrehbuch war mindestens zehn Seiten länger. Drehbuchautor Evan Hunter ärgert sich noch heute darüber. Er verriet, dass nach der längeren Version die Helden mit dem Auto durch Bodega Bay fahren sollten. Seine Version sah so aus: In dem Ort herrscht das absolute Chaos – in offenen Ladentüren liegen Tote, ein toter Polizist hängt über einer Straßensperre, und am Strand liegt eine von Vögeln bedeckte Männerleiche. Der Wagen wird von den Vögeln angegriffen, während er über die kurvenreiche Küstenstraße jagt, auf der Melanie in den Ort kam. Da die Vögel auf direkter Luftlinie fliegen, holen sie den Wagen ein und brechen durch das Stoffverdeck. Die beiden Frauen, die sich weinend aneinander klammern, werden von oben gezeigt. Doch als die

Straße gerade verläuft, fährt der Wagen schneller, als die Vögel fliegen können, und kann ihnen so entkommen. Die längere Version des Drehbuchs endete optimistisch: Die Insassen des Autos erblicken in der Ferne den klaren Morgenhimmel.[87]

Hedren erzählte mir, dass Hitchcock seiner Crew und den Schauspielern diese Schlussszene, die dann nicht aufgenommen wurde, im Santa Rosa Motel (eine Fahrstunde von Bodega Bay entfernt) erläuterte. In dem Motel übernachtete die gesamte Crew; dort wurden auch die Make-up- und Friseurarbeiten durchgeführt. »Ich erinnere mich sehr, sehr deutlich, dass er eines Abends alle zusammenrief, um über ein anderes Filmende zu sprechen. Und die Sache ging immer weiter und weiter und weiter! Alle sagten: ›Oh, mein Gott, hört das denn nie auf?‹ Er erklärte uns, was wir beim Weiterfahren sehen würden.« Hedren erinnerte sich auch, dass dabei die Golden Gate Bridge erwähnt wurde, obwohl es in Hunters Originalskript keinen Hinweis darauf gibt.

Sind die Vogelangriffe auf Bodega Bay nur eine Laune der Natur oder das Vorspiel einer globalen Zerstörung? In welcher Beziehung stehen sie, wenn überhaupt, zu dem wilden Psychodrama der weiblichen Macht? Meiner Meinung nach stützt sich der Film *Die Vögel* auf einen anderen Film, der sowohl bei der Kritik als auch an den Kinokassen durchgefallen war, der aber mein Denken enorm beeinflusste: *Plötzlich im letzten Sommer* (*Suddenly Last Summer*, 1959) von Joseph Mankiewicz. Am Drehbuch wirkte Gore Vidal als Co-Autor mit; das Skript beruhte auf einem unbekannten Schauspiel von Tennessee Williams. Die Hauptfiguren sind die eifersüchtige, klammernde Mutter Violet Venable (Katharine Hepburn), ein herrischer Aristokrat aus New Orleans und dessen quasi-inzestuöser Sohn-Liebhaber, der schwule Ästhet Sebastian, der »das Antlitz Gottes erblickte« – das alljährliche Abschlachten von frisch geschlüpften Meeresschildkröten durch einen »ganzen Himmel von wilden, raubgierigen Vögeln« auf den Galapagos-Inseln.[88] »Die Natur ist grausam«, sagt Violet und erinnert sich an den Lärm der Vögel, ihre

Laune der Natur?

furchtbaren, wilden Schreie, als sie in der Luft kreisten: »Die Killer erbten die Erde.«

Die Lobotomie, die Violet Venable an ihrer Nichte Catherine (Elizabeth Taylor) vornehmen will, die das grausame Schicksal mit ansehen musste, das Sebastian erlitt, wird eigentlich in *Die Vögel* an Hitchcocks Heldin Melanie durchgeführt, die am Schluss gewissermaßen den Verstand verliert. Wenn Violet erkennt, »wie furchtbar die Wahrheit ist«, so könnte dieser Satz auch als Epitaph für *Die Vögel* dienen: »Wir alle sind in dieser gierigen Schöpfung gefangen.«

Kritikern, die in *Die Vögel* keine endgültige Moral erkennen können, scheint Hitchcock selbst widersprechen zu wollen, da sich seine Kommentare zu diesem Film auf die Naturparabel konzentrieren. Im Gespräch mit Truffaut schrieb Hitchcock die wirklichen Zwischenfälle mit Vögeln einer Art Tollwut zu. In einem anderen Interview erklärte er: »Über *Die Vögel* lässt sich nur eins sagen – dass die Natur furchtbar grausam sein kann. Wenn man mit ihr herumspielt. Schauen Sie nur, was das Uran angerichtet hat. Die Leute holen das Zeug aus dem Boden. *Die Vögel* drückt die Natur aus und das, wozu sie fähig ist, und die Gefahren, die in der Natur lauern.«[89]

Und in einem Filminterview sagte Hitchcock:

> Im Grunde beschäftigt sich der Film *Die Vögel* mit dem übergreifenden Thema, dass alle die Natur als etwas Selbstverständliches ansehen. Alle hielten die Vögel für selbstverständlich, bis sie sich eines Tages gegen sie wandten. Man hatte auf Vögel geschossen, sie verspeist oder in Käfige eingesperrt. Die Menschen haben ihnen jedes mögliche Leid zugefügt, und es wurde höchste Zeit, dass sie zurückschlugen. Mit der Natur darf man nicht spielen, und man darf sie auch nicht manipulieren ... Wer weiß? Es ist möglich, dass im Jahr 3000 oder 4000 alle Tiere die Herrschaft übernehmen![90]

Mit dieser Ironie spielte Hitchcock auch in der PR-Kampagne für den Film, die er ebenfalls selbst entwickelte. In einer Radiowerbung war seine Stimme zu hören: »Wenn Sie jemals ein Truthahnbein gegessen, einen Kanarienvogel im Käfig gehalten haben oder auf Entenjagd gegangen sind, wird Ihnen der Film *Die Vögel* zu denken geben.«[91] Hitchcock schrieb auch eine humorvoll-drohende Schlagzeile für die Werbung, die die Leute von der Filmgesellschaft ein wenig aus der Fassung brachte: »*Die Vögel* kommt!« Die rebellische und bewusst falsche Grammatik in diesem Satz passt bestens zu einem Film, in dem eine Lehrerin getötet wird. Für die Uraufführung in London ließ er den Satz auf Tonband aufzeichnen und neben zwei lebenden schwarzen Mainavögeln namens Alfie und Tippi ständig abspielen. In einer Werbebroschüre versuchte sich Hitchcock sogar mit sexuellen Anspielungen: »In *Die Vögel* lauert direkt unter der Oberfläche von Schock und Spannung eine furchtbare Bedrohung. Wenn Sie die Bedrohung entdecken, wird sich ihr Vergnügen verdoppeln.«[92] Das ist das vertraute Paradox Shakespeares – Substanz und Schatten –, aber bei Hitchcock vermute ich, dass die Bedrohung von der archetypischen Frau ausgeht, die zugleich auch das Erscheinungsbild bestimmt, das an der Oberfläche sichtbar wird.

Auf dem offiziellen Filmplakat fällt der riesige, kreuzförmige Schatten einer Krähe über die Stirn der schreienden Lydia (die zu Melanie wird), während sie von einem Schwarm aus der Luft angegriffen wird. Es ist, als würde sie von dunklen Gedanken bedrängt. Als Marion Crane in *Psycho* auf das Motel zufährt, hört sie internalisierte Stimmen – das Überich des überraschten Geliebten, eines neugierigen Polizisten und eines wütenden Chefs –, und Norman wird von der quälenden Stimme seiner toten Mutter in den Wahnsinn getrieben. *Die Vögel* zeigt den Streit zwischen den Liebesvögeln und den hasserfüllten Vögeln, wie Truffaut sie nennt, eine Schlacht zwischen vielfältigen, widersprüchlichen Kräften.

6 | Hitch, Hedren, Löwen und letzte Worte

Tippi Hedren blieb mit Hitchcock auch bei seinem nächsten Projekt, *Marnie*, verbunden, aber die Zusammenarbeit endete mit einer unangenehmen Note.[94] Zwar drehte sie danach mit anderen Regisseuren noch ein paar Filme, darunter *The Harrad Experiment* (1973), aber ihre Arbeit mit Hitchcock stellte ihren kreativen Höhepunkt dar. Man erzählt sich die seltsame Geschichte, Hitchcock habe Hedrens kleiner Tochter Melanie einen Schock versetzt, weil er ihr einen winzigen Sarg geschenkt habe, in dem eine Puppe lag, die ihre Mutter darstellte.[95] Hedren erzählte mir, der Zwischenfall habe sich bei einem Essen in einem Restaurant ereignet. Ihre Tochter sei dabei regelrecht ausgeflippt und sehr, sehr verängstigt gewesen. Allerdings habe sich die Puppe nicht in einem Sarg, sondern in einer sehr schönen Holzschatulle befunden. Melanie habe deshalb so heftig reagiert, weil die Puppe so natürlich ausgesehen habe: Sie sei eine genaue Abbildung ihrer Mutter gewesen, mit geöffneten Augen und mit dem grünen Kostüm aus *Die Vögel* bekleidet. Im Make-up-Zimmer im Studio hatte man zuvor von Hedrens Gesicht einen Wachsabdruck angefertigt, ohne ihr den Grund dafür zu nennen. Hedren behauptet, der Regisseur habe mit dem sehr fein gearbeiteten Geschenk nicht einen seiner berüchtigten Streiche spielen wollen, sondern eine aufrichtige Geste beabsichtigt, aber die Sache sei schief gegangen. »Es war kein sehr angenehmes Erlebnis«, sagt sie, und Hitchcock sei selbst sehr verstört gewesen.

Ist es nicht auffällig, dass die Heldin im Film Melanie heißt? »Das hat nichts mit meiner Tochter zu tun«, behauptete Hedren mir gegenüber. »Der Name stand schon vorher im Drehbuch.« Drehbuchautor Hunter nannte das einen eigenartigen Zufall. Aber die Endfassung des Drehbuchs wurde erst Anfang 1962 fertig gestellt, mehrere Monate nach Hedrens Probeaufnahmen.[96] Wie wir gesehen haben, gehörte es zu Hitchcocks liebsten Geistesübungen, verschiedene Generationen zu einer einzigen Identität zusammenzuführen. Tatsächlich setzt sich der Name Marnie aus Namensteilen der Heldinnen der beiden früheren

PR-Aufnahme von Alfred Hitchcock und Tippi Hedren

Filme zusammen: *Marion*, *Mela*nie, Marnie – soll das vielleicht eine unheilige Dreieinigkeit darstellen, mit Melanie als Kreuzung von zwei Diebinnen? Wenn wir statt Marion den Namen Maria einsetzen, finden wir auch biblische Beziehungen in den Namen der Hauptrollen zweier Filme vor *Psycho*: Madeleine (Magdalena) in *Vertigo* und Eva in *Der unsichtbare Dritte*. Constance Porter, Melanies ebenfalls einen Pelzmantel tragende Vorläuferin in *Das Rettungsboot*, kann neben Constance Peterson gestellt werden, der Heldin von Hitchcocks nächstem Film *Ich kämpfe um dich*. Doch Beständigkeit *(constancy)* war genau die Eigenschaft, die der Künstler Hitchcock den Frauen *nicht* zuschrieb.

Es ist auch eigenartig, dass Hedren und ihr damaliger Mann, der Filmagent Noel Marshall, später in Soledad Canyon bei Acton, Kalifornien, 65 Kilometer nördlich von Los Angeles, ein Tierreservat gründeten. Shambala war ursprünglich der Drehort für einen Film, wurde dann aber Zufluchtsstätte für fast hundert wilde Tiere, vor allem Löwen und Tiger. Über die Erlebnisse mit den Tieren und ihre Pflege veröffentlichte Hedren 1985 ein reich illustriertes Buch, »The Cats of Shambala«. Hedren beschreibt darin, dass sie mit einem Löwenbaby in einem Picknickkorb zu Besprechungen, Interviews, Supermärkten und sogar in ein sehr elegantes Restaurant gegangen sei. Ein Schimpanse habe ihr das Gesicht zerkratzt, so dass Narben zurückgeblieben seien. Sie hätte schwere Verletzungen an der Kopfhaut erlitten, weil ein Löwe ihren Kopf zwischen die Zähne bekommen habe. Außerdem sei ihr Bein von einem Elefanten zerquetscht worden, so dass sich Gangräne entwickelt habe. Fotos zeigen Hedren und ihre heranwachsende Tochter Melanie, die im Schlafzimmer mit vier Löwenbabys eine Art Tauziehen veranstalten. Weitere Bilder zeigen Melanie, die schlafend neben einem riesigen, ausgewachsenen Löwen unter einer Decke im Bett liegt. Der schwere Schwanz des Löwen hängt auf den Boden herab. »Löwen, Löwen und noch mehr Löwen«, lautet eine Kapitelüberschrift des Buches.[97]

Im Gespräch mit Truffaut bezeichnete Hitchcock die Beziehungen zwischen den Handlungen seiner eigenen Filme abschätzig als rein zufälligen »MacGuffin«. Er erzählte dazu den folgenden Witz: Ein Mann in einem Zug bezeichnet ein auf dem Gepäckständer liegendes Paket als »MacGuffin«. Das sei »ein Apparat, mit dem man im schottischen Hochland Löwen fängt«. Ein Mitreisender wendet ein: »Aber im schottischen Hochland gibt es keine Löwen.« Der erste Mann antwortet: »Na gut, dann ist das eben kein MacGuffin!« Deshalb, so sagte Hitchcock, sei ein MacGuffin »eigentlich überhaupt nichts«.[98]

Im Laufe der Jahre habe ich verschiedene Interviews über *Psycho* geführt. Janet Leigh hat wiederholt erklärt, dass sie immer noch Angst verspüre, wenn sie eine Dusche nehmen wolle. Im Gegensatz dazu scheint sich Tippi Hedren den Herausforderungen Hitchcocks stellen zu wollen, obwohl sie von der Tiernatur in *Die Vögel* traumatisiert war. Sie schreibt, sie habe sich geweigert, den ihr von Hitchcock geschenkten Pelzmantel zu tragen, nachdem ihr Gewissen im Hinblick auf Tiere erst einmal wachgerüttelt worden war. Den Pelzmantel habe sie schließlich versetzt, um das Tierfutter und den Unterhalt des Tiergeheges Shambala zu bezahlen. Als Königin der Löwen hat sie Hitchcock letztlich in seinem eigenen Spiel geschlagen: Von all seinen Stars ist sie die Einzige, die den MacGuffin fand.

Melanie Daniels' Kalender

Freitag

15 Uhr: Tierhandlung Davidson's, San Francisco. Melanie betritt den Laden, um einen Maina-Vogel abzuholen. Sie begegnet Mitch Brenner und lässt einen Kanarienvogel aus dem Käfig entfliegen. Bestellt Sperlingspapageien, die am nächsten Morgen geliefert werden sollen.

Samstag

Am Morgen: Melanie will die Sperlingspapageien vor Mitchs Wohnungstür stellen, erfährt jedoch, dass er übers Wochenende nach Hause gefahren ist. Sie fährt über die Küstenstraße nach Bodega Bay. Die Fahrt dauert zwei Stunden.

Spätvormittag: Brinkmayers Gemischtwarenhandlung, Bodega Bay. Erster Besuch bei Annie Hayworth. Melanie fährt in einem gemieteten Boot über die Bucht. Lässt die Sperlingspapageien im Haus der Familie Brenner zurück.

Mittagszeit: Mitch verfolgt Melanie im Auto um die Bucht. Sie wird im Boot von einer Seemöwe angegriffen. Während ihre Wunde im Restaurant behandelt wird, lernt sie Lydia Brenner kennen und wird von Mitch zum Abendessen eingeladen.

Nach dem Mittagessen: Wieder bei Annie. Melanie will ein Zimmer für eine Nacht mieten.

19.00 Uhr: Melanie zum Abendessen im Haus der Familie Brenner.

Später Abend: Melanie übernachtet in Annies Haus. Eine Möwe prallt gegen die Haustür.

Sonntag

Nachmittag: Cathys Geburtstagsparty auf dem Rasen vor dem Haus der Familie Brenner. Vögel greifen die Kinder an.

Abend: Familie Brenner und Melanie essen Sandwiches. Vögel dringen durch den Schornstein und den offenen Kamin in das Haus ein.

Während der Nacht: Melanie übernachtet im Haus der Familie Brenner.

Montag

Früher Morgen: Lydia bringt Cathy zur Schule und besucht Dan Fawcett in seinem Farmhaus. Findet ihn tot auf, nachdem die Vögel ihn während der Nacht angegriffen hatten.

Vormittag: Melanie bringt der im Bett liegenden Lydia eine Tasse Tee.

Spätvormittag: Melanie fährt zur Schule, um Cathy abzuholen. Entdeckt eine Massenansammlung von Krähen auf dem Klettergerüst. Krähenangriff auf die Kinder, die die Straße hinab ins Dorf zu fliehen versuchen.

Mittagszeit: Melanie ruft vom Restaurant aus ihren Vater an. Möwe greift Tankwart an, der gerade ein Auto voll tankt. Explosion und Feuersbrunst. Melanie während eines Möwenangriffs in der Telefonzelle eingeschlossen. Melanie wird im Restaurant von den Frauen beschuldigt. Annie wird tot vor ihrem Haus aufgefunden.

Spätnachmittag: Mitch verbarrikadiert mit Melanies Hilfe das Haus der Brenners.

Später Abend: Gewaltiger Vogelangriff auf das Haus der Brenners. Die Vögel brechen beinahe durch die Haustür und die Fenster.

Dienstag

Morgendämmerung: Vogelangriff auf Melanie im Dachgeschoss des Hauses; sie erleidet einen Schock.

Früher Morgen: Die Familie Brenner und die verletzte Melanie fliehen in Melanies Auto.

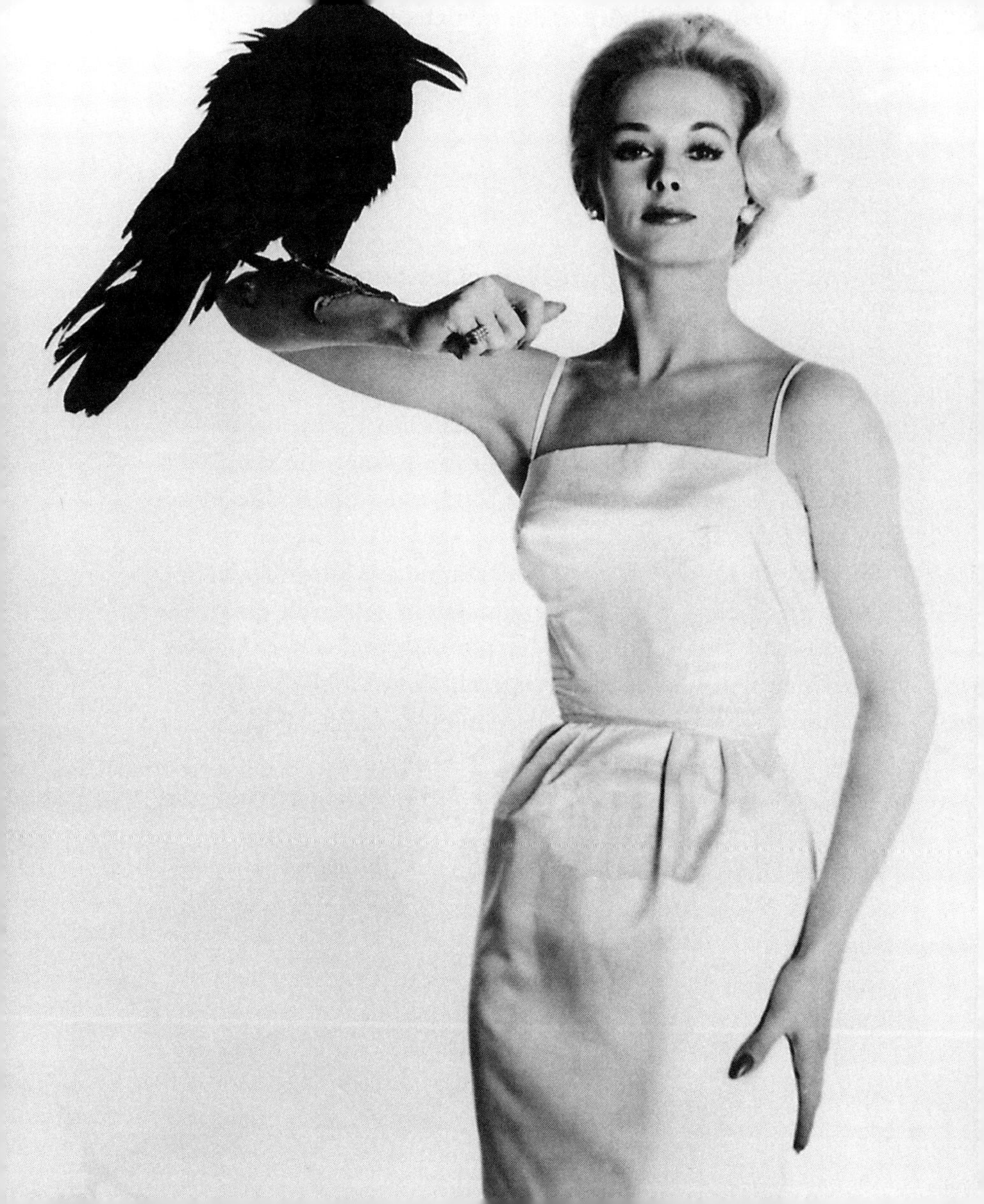

Produktionsdaten und Mitwirkende

Originaltitel: The Birds, USA 1963
Produktion: Alfred J. Hitchcock Productions Inc.
Freigabe USA: März 1963
Verleih USA: Universal Pictures
Freigabe Großbritannien: September 1963
Verleih Vereinigtes Königreich: Rank / Universal-International
Produktionsleiter: Norman Deming
Regie: Alfred Hitchcock
1. Regieassistenz: James H. Brown
2. Regieassistenz: Peggy Robertson
Script Supervisor: Lois Thurman
Drehbuch: Evan Hunter nach einer Erzählung von Daphne du Maurier
Kamera: Robert Burks
Fotografische Beratung: Ub Iwerks
Filmschnitt: George Tomasini
Production Designer: Robert Boyle
Kulisse: George Milo
Pictoral Design: Albert Whitlock
Kostüme: Rita Riggs
Entwurf für Miss Hedrens Kostüm: Edith Head
Maske: Howard Smit
Frisuren: Virginia Darcy
Titeldesign: James S. Pollak
Elektronische Tonproduktion: Remi Gassmann, Oskar Sala

Akustischer Berater: Bernard Herrmann
Tonaufnahme: Waldon O. Watson, William Russell
Vogeldresseur: Ray Berwick

Rod Taylor (Mitch Brenner)
Jessica Tandy (Lydia Brenner)
Suzanne Pleshette (Annie Hayworth)
»Tippi« Hedren (Melanie Daniels)
Veronica Cartwright (Cathy Brenner)
Ethel Griffies (Mrs. Bundy)
Charles McGraw (Sebastian Sholes)
Ruth McDevitt (Mrs. MacGruder)
Lonny Chapman (Deke Carter)
Joe Mantell (Handlungsreisender)
Doodles Weaver (Fischer)
Malcolm Atterbury (Deputy Al Malone)
John McGovern (Postangestellter)
Karl Swenson (Betrunkener)
Richard Deacon (Mitchs Nachbar im Lift)
Elizabeth Wilson (Helen Carter)
William Quinn (Farmarbeiter)
Doreen Lang (hysterische Mutter im Restaurant)
Morgan Brittany (Schulkind)
Nicht erwähnt: Alfred Hitchcock (Mann mit zwei weißen West Highland Terriers – Geoffrey und Stanley – beim Verlassen der Zoohandlung)

Farbe: Technicolor

Laufzeit: 119 Minuten

Liste der Mitwirkenden wurde erstellt von Markku Salmi

Literatur

Bogdanovich, Peter, *The Cinema of Alfred Hitchcock*, New York 1963

Counts, Kyle B., »The Making of *The Birds*«, *Cinefantastique*, Band 10, Nr. 2, Herbst 1980 (mit zusätzlichem Material von Steve Rubin)

du Maurier, Daphne, »The Birds«, in dies., *Kiss Me Again, Stranger*, New York 1952

Durgnat, Raymond, *The Strange Case of Alfred Hitchcock*, Cambridge, Mass., 1974

Gottlieb, Sidney, Hrsg., *Hitchcock on Hitchcock: Selected Writings and Interviews*, Berkeley, 1995

Hedren, Tippi, mit Theodore Taylor, *The Cats of Shambala: The Extraordinary Story of Life with the Big Cats*, New York 1985

Horwitz, Margaret M., »*The Birds*: A Mother's Love«, in Deutelbaum, Marshall, und Leland Poague, Hrsg., *A Hitchcock Reader*, Ames, Iowa, 1986

Hunter, Evan, *Me and Hitch*, London 1997

Inside Hitchcock (1973), aus der Serie *The Men Who Made the Movies*, produziert von The American Cinematheque, HPI Home Video

Leigh, Janet, mit Christopher Nickens, *Psycho: Behind the Scenes of the Classic Thriller*, New York 1995

»Falcon Scares Children«, *Los Angeles Herald-Examiner*, 22. März 1962

Paglia, Camille, *Sexual Personae: Art and*

Decadence from Nefertiti to Emily Dickinson, New Haven 1990

Rohmer, Eric, und Claude Chabrol, *Hitchcock: The First Forty-Four Films*, 1957, übers. von Stanley Hochman, New York 1979

»Seabird Invasion Hits Coastal Homes«, *Santa Cruz Sentinel*, 18. August 1961

Scheuer, Philip K., »Hitchcock's *Birds* Begin War on Man«, *Los Angeles Times*, 22. März 1962

Spoto, Donald, *The Art of Alfred Hitchcock*, New York 1992

Spoto, Donald, *The Dark Side of Genius: The Life of Alfred Hitchcock*, Boston 1983 (Dt.: *Alfred Hitchcock: Die dunkle Seite des Genies*. Aus dem Amerik. von Bodo Fründt, München 1993)

Truffaut, François, in Zusammenarbeit mit Helen G. Scott, *Hitchcock*, New York 1967

Tucker, Alan, Hrsg., *The Penguin Guide to San Francisco and Northern California*, New York 1991

Weis, Elizabeth, *The Silent Scream: Alfred Hitchcock's Sound Track*, East Brunswick, NJ, 1982

Wood, Robin, *Hitchcock's Films Revisited*, New York 1989

Anmerkungen

1 Donald Spoto, *The Art of Alfred Hitchcock*, New York 1992, S. 330.

2 Hitchcock kommentierte Kostümfilme wie *Waltzes from Vienna* (1933) mit den Worten: »Ich hasse diese Art Film und habe dafür überhaupt kein Gespür.« Zitiert in Eric Rohmer und Claude Chabrol, *Hitchcock: The First Forty-Four Films*, New York 1957, S. 37.

3 François Truffaut, *Hitchcock*, New York 1967, S. 217. Nach dem ursprünglichen Plan des Drehbuchautors Evan Hunter sollte eine Lehrerin im Brennpunkt der Vogelangriffe stehen. »Aber Hitch wollte keine Lehrerin als Hauptfigur; er brauchte eine höherstehende und auffallendere Figur.« Evan Hunter, *Me and Hitch*, London 1997, S. 14.

4 Peter Bogdanovich, *The Cinema of Alfred Hitchcock*, New York 1963, S. 44.

5 »On Style: An Interview with Cinema«, aus: *Cinema*, Band 1, Nr. 5, August–September 1963, abgedr. in: Sidney Gottlieb, Hrsg., *Hitchcock on Hitchcock: Selected Writings and Interviews*, Berkeley 1995, S. 295.

6 Daphne du Maurier, »The Birds«, in: *Kiss Me Again, Stranger*, New York 1952, S. 35 f.

7 Bogdanovich, *The Cinema of Alfred Hitchcock*, S. 44.

8 Donald Spoto, *The Dark Side of Genius: The Life of Alfred Hitchcock*, Boston 1983,

S. 371, 31. Evan Hunter sagte, Hitchcocks Frau Alma Reville »flatterte selbst wie ein Vogel herum« (Hunter, Me and Hitch, S. 38).

9 Spoto, The Dark Side of Genius, S. 444. Bei meinen Nachforschungen in den Bibliotheken und Zeitungsredaktionen in den Gebieten von Santa Cruz und La Jolla fand ich keine Bestätigung für das von Spoto (S. 563 ff.) genannte Datum (27. April 1960).

10 Philip K. Scheuer, »Hitchcock's ›Birds‹ Begins War on Man«, Los Angeles Times, 22. März 1962; »Falcon Scares Children«, Los Angeles Herald-Examiner, 22. März 1962.

11 Truffaut, Hitchcock, S. 17.

12 Spoto, The Dark Side of Genius, S. 40, 192 ff.

13 Truffaut, Hitchcock, S. 192 f.

14 »On Style«, in: Gottlieb, Hitchcock on Hitchcock, S. 300.

15 Janet Leigh with Christopher Nickens, Psycho: Behind the Scenes of the Classic Thriller, New York 1995, S. 26.

16 Ebenda, S. 42.

17 Truffaut, Hitchcock, S. 239. Art Director Robert Boyle stellte fest: »Hitchcock versucht immer, eine visuelle Erklärung zu geben. Jede Aufnahme muss eine Aussage enthalten, muss eine Beziehung zu allen anderen Szenen aufweisen, und es gibt keine überflüssigen Aufnahmen. Das war die grundlegende Erkenntnis, die ich bei der Arbeit mit Hitchcock lernte.« Zitiert in Mary Corliss und Carlos Clarens, »Designed for Film: The Hollywood Art Director«, Film Comment, Band 14, Nr. 4, Mai–Juni 1978, S. 33.

18 Spoto, The Dark Side of Genius, S. 451.

19 »The Making of The Birds«, Cinefantastique, Band 10, Nr. 2, Herbst 1980, S. 22 f. Das ist die beste Quelle für technische Informationen über Die Vögel.

20 Ebenda, S. 23; Spoto, The Dark Side of Genius, S. 348.

21 Spoto, The Dark Side of Genius, S. 405.

22 Truffaut, Hitchcock, S. 197. Auch Evan Hunter musste mit seiner Frau aus seinem Mietshaus in Brentwood fliehen. Er nahm seine Schreibmaschine und das fast fertige Skript für Die Vögel mit. Es bestand sogar »die Gefahr, dass das Feuer über den Sunset Boulevard springen und einen echten Holocaust verursachen könnte« (Hunter, Me and Hitch, S. 44 ff.).

23 Spoto, The Dark Side of Genius, S. 459.

24 Counts, »The Making of The Birds«, S. 33.

25 Spoto, The Dark Side of Genius, S. 458.

26 Telefonisches Interview der Autorin mit Tippi Hedren, 15. Oktober 1997. Alle Aussagen über meine Unterredungen mit Hedren beziehen sich auf dieses Telefoninterview.

27 Films Illustrated, Band 1, Nr. 3, September 1971, S. 22, zitiert in Spoto, The Dark Side of Genius, S. 464.

28 Counts, »The Making of The Birds«, S. 33.

29 Ebenda.

30 Ebenda, S. 21.

31 Spoto, The Dark Side of Genius, S. 455. Fünf der von Boyle angefertigten Aquarelle und Kohlezeichnungen sind abgedruckt in Counts, »The Making of The Birds«, S. 19. Sie zeigen du Mauriers Figur Hocken, der mit seiner Tochter eine von Bäumen gesäumte Brücke über-

quert, wobei sie von Möwen verfolgt und von den im Gesträuch lauernden Krähen beobachtet werden.

32 »It's a Bird«, S. 317. Whitlocks Mattaufnahme für diese Szene ist neben anderen Aufnahmen in Counts, »The Making of *The Birds*«, S. 24 f. in Farbe wiedergegeben.

33 Boyle zufolge wurde das Universal Hotel später auf diesem Hügel erbaut. Boyle beschreibt, man habe winzige Rauchfahnen äußerst penibel aufnehmen und mit den Mattaufnahmen zeitlich so abstimmen müssen, dass sie sich mit dem wirklichen Rauch vermischten. »Ich glaube, dass das die schwierigste Aufnahmesequenz mit besonderen fotografischen Problemen war, die jemals gemacht worden ist. Es war eine tolle und fantastische Aufnahme, aber auch sehr wirklichkeitsgetreu ... In allen Filmen [Hitchcocks] findet sich diese Realistik. Er biegt die Wirklichkeit für seine Zwecke so zurecht, dass er die eigentliche Wahrheit bekommt.« Zitiert in Corliss, »Designed for Film«, S. 34 f.

34 »It's a Bird«, in: Gottlieb, *Hitchcock on Hitchcock*, S. 315.

35 Spoto, *The Dark Side of Genius*, S. 454.

36 Counts, »The Making of *The Birds*«, S. 34.

37 Ebenda, S. 17.

38 Bogdanovich, *The Cinema of Alfred Hitchcock*, S. 45.

39 Zitiert in Counts, »The Making of *The Birds*«, S. 22.

40 Auch in *Sabotage* fängt Hitchcock eine geflügelte Gestalt am verhangenen Himmel ein: die Eros-Statue auf dem Shaftesbury-Brunnen in der Mitte des Piccadilly Circus in London, die in dem Film zum Zielpunkt eines terroristischen Bombenanschlags wird. Ich danke dem San Francisco History Center der San Francisco Public Library für die hilfreichen Informationen über das Dewey-Monument.

41 Ich danke Elaine Burrows vom National Film and Television Archive in London dafür, dass sie die Art bestimmen konnte, zu der Hitchcocks Hunde gehörten, eine Frage, zu der sich in den Quellen unterschiedliche Informationen finden.

42 Robin Wood, *Hitchcock's Films Revisited*, New York 1989, S. 155. Ich danke Prof. John DeWitt von der University of Arts, dass er die Marke von Melanies Sportwagen bestimmen konnte: ein Aston-Martin DB2. »Der Wagen kostete neu 6250 Dollar, das war 1955 ein hoher Preis, denn ein Porsche 1500 Speedster kostete damals nur 3500 Dollar. Es handelte sich also um einen älteren und exotischen Wagen, und das sagt eine Menge über die Besitzerin aus (denn sie musste damit rechnen, dass der Wagen ungefähr alle 200 Kilometer eine Panne haben würde). Das Auto ist ein echtes Liebhaber-Fahrzeug, bekannt für seine gute Bedienbarkeit, aber es setzt auch große Geschicklichkeit voraus.«

43 Elizabeth Weis, *The Silent Scream: Alfred Hitchcock's Sound Track*, East Brunswick, NJ, 1982, S. 17, 19, 142.

44 Siehe »Bodega Bay Area Map & Guide«, veröffentlicht von der Bodega Bay Area Chamber of Commerce.

45 Truffaut, *Hitchcock*, S. 205.

46 In *Sabotage* wird tatsächlich eine im Boden eines Käfigs versteckte Bombe ausgeliefert.

47 Evan Hunter bestätigt, dass seine Bezugspunkte bei der Abfassung des Drehbuchs tatsächlich »die Schwarz-Weiß-Komödien gewesen waren, mit denen ich in den vierziger Jahren aufgewachsen war: Cary Grant und Irene Dunne, Cary Grant und Katharine Hepburn, Cary Grant und Ginger Rogers« (Hunter, *Me and Hitch*, S. 19). Es ist aber höchst bedauerlich, dass Hunter sich auch weiterhin weigert, Tippi Hedrens Beitrag zu *Die Vögel* anzuerkennen.

48 Counts, »The Making of *The Birds*«, S. 38.

49 »On Style«, in Gottlieb, *Hitchcock on Hitchcock*, S. 300.

50 Bogdanovich, *The Cinema of Alfred Hitchcock*, S. 43 f.

51 Truffaut, *Hitchcock*, S. 114.

52 Wood, *Hitchcock's Films Revisited*, S. 159.

53 In *Sabotage* bekommt ein kleiner Junge zwei Vögel im Käfig geschenkt und fragt seinen Vater: »Welcher ist das Weibchen? Wäre das nicht komisch, wenn das Männchen eines Tages ein Ei legen würde?«

54 Spoto, *The Dark Side of Genius*, S. 36f., 464.

55 Ebenda, S. 23.

56 Suzanne Pleshette hatte kurz zuvor die Dreharbeiten zu dem Film *Abenteuer in Rom (Rome Adventure)*, der 1962 in die Kinos kam, abgeschlossen, in dem sie eine Schulbibliothekarin spielte, die einem Schüler ein Buch auslieh, das auf dem Index stand.

57 Bogdanovich, *The Cinema of Alfred Hitchcock*, S. 43 f.

58 Counts, »The Making of *The Birds*«, S. 18. Hunter hält die Szene für »vollkommen albern und inkompetent gefilmt« und glaubt heute, dass sie von Hitchcock selbst geschrieben worden sei. Er beschuldigt jedoch auch den Schauspieler Hume Cronyn und den Schriftsteller und Kritiker V. S. Pritchett (der von Hitchcock heimlich konsultiert worden war), sich in das Drehbuch eingemischt zu haben. Hunter beleidigt allerdings auch Cronyns Frau Jessica Tandy. Seltsamerweise bezeichnet er ihre hervorragende Darstellung der Lydia Brenner als »eine der wenigen schlechten schauspielerischen Leistungen, die sie in ihrem Leben gegeben hat.« (Hunter, *Me and Hitch*, S. 70, 55f., 60f., 65, 30.)

59 Spoto, *The Dark Side of Genius*, S. 334.

60 Siehe Camille Paglia, *Sexual Personae: Art and Decadence from Nefertiti to Emily Dickinson*, New Haven 1990, S. 51.

61 Wood, *Hitchcock's Films Revisited*, S. 165.

62 Truffaut, *Hitchcock*, S. 219.

63 Ebenda, S. 220. Diese Szene wurde zwar tatsächlich aufgenommen und später herausgeschnitten, aber andere Szenen, die in Evan Hunters ursprünglicher Drehbuchfassung vorgesehen waren, wurden von Hitchcock a priori als undramatisch abgelehnt. Bedauerlich erscheint mir vor allem der Verlust einer Szene, bei der es Hunter zufolge um einen Streit zwischen Melanie und ihrem Vater in seinem Büro in der Zeitungsredaktion ging (S. 46–49).

64 Bogdanovich, *The Cinema of Alfred Hitchcock*, S. 4.

65 »On Style«, in: Gottlieb, *Hitchcock on Hitchcock*, S. 301.
66 Wood, *Hitchcock's Films Revisited*, S. 164.
67 Counts, »The Making of *The Birds*«, S. 28. Im Buch und auf dem rückseitigen Umschlag finden sich erstaunliche Fotos von Hedren und Pleshette mit ihrem grauenhaften Make-up.
68 Ebenda, S. 28. Hier finden sich Wiedergaben von 18 Storyboards.
69 Hitchcocks architektonischer Symbolismus wird schon in *Mord – Sir John greift ein* deutlich sichtbar. Der Film endet mit einer großartigen Aufnahme einer steinernen Gefängnisfassade. Hitchcock war ein britischer Romantiker; von William Blake und Charles Dickens hatte er jenes Verständnis von Gefängnisräumen geerbt, das so viele falsch informierte Persönlichkeiten bis hin zu Michel Foucault pflegten.
70 Counts, »The Making of *The Birds*«, S. 30.
71 Truffaut, *Hitchcock*, S. 221. Hunter glaubt, dass diese wunderbare Arbeit seine beste Szene im ganzen Film sei. Auf Hitchcocks Bitte schrieb er sie zwei Monate, nachdem er die erste Version des Drehbuchs abgeschlossen und abgeliefert hatte. Counts, »The Making of *The Birds*«, S. 18; Hunter, *Me and Hitch*, S. 54 f.
72 Mrs. Ward, eine Geschworene in *Mord – Sir John greift ein*, hat nach Aussehen und Sprechweise eine bemerkenswerte Ähnlichkeit mit Mrs. Bundy.
73 »Käfig der Qualen« nennt dies Hitchcock in Truffaut, *Hitchcock*, S. 217.
74 Ebenda, S. 221.
75 Bogdanovich, *The Cinema of Alfred Hitchcock*, S. 44.
76 Truffaut, *Hitchcock*, S. 222.
77 Spoto, *The Dark Side of Genius*, S. 82.
78 In *Der Fremde im Zug / Verschwörung im Nordexpress* wird die Filmhandlung über den sich überkreuzenden Doppelmord durch die gekreuzten Tennisschläger symbolisiert, die in Wappenform auf einem Feuerzeug eingraviert sind. In *Der andalusische Hund* hängt ein Tennisschläger wie ein Kruzifix an der Wand. Er bringt die surrealistische Erkenntnis zum Ausdruck, dass soziale Institutionen und philosophische Systeme nur Spiele sind (eine weitere Erkenntnis, die fälschlicherweise dem Poststrukturalismus zugeschrieben wird).
79 Truffaut, *Hitchcock*, S. 218.
80 »On Style«, in: Gottlieb, *Hitchcock on Hitchcock*, S. 291; Truffaut, *Hitchcock*, S. 200.
81 Raymond Durgnat, *The Strange Case of Alfred Hitchcock*, Cambridge, Mass., 1974, S. 340.
82 Bogdanovich, *The Cinema of Alfred Hitchcock*, S. 5
83 Wood, *Hitchcock's Films Revisited*, S. 170 f.
84 Truffaut, *Hitchcock*, S. 224 f.
85 Wood, *Hitchcock's Films Revisited*, S. 172.
86 Margaret M. Horwitz, »The Birds: A Mother's Love«, in: Marshall Deutelbaum und Leland Poague, Hrsg., *A Hitchcock Reader*, Ames, Iowa, 1986, S. 286. Dieser schöne Essay ist eine der besten Analysen Hitchcocks, die ich im Verlauf meiner Untersuchungen gefunden habe.
87 Counts, »The Making of *The Birds*«,

S. 34 f. Hier werden drei Drehbuchseiten abgedruckt. Hunter bezieht sich auf seine ursprüngliche Version des Filmendes, wenn er leicht verärgert feststellt, dass V. S. Pritchett die Schuld für das pessimistischere und abrupte Ende der endgültigen Filmfassung treffe. Hunter, *Me and Hitch*, S. 40, 64 ff.

88 In *Sabotage* treten tatsächlich Meeresschildkröten in Erscheinung: Ihr Aquarium im Londoner Zoo ist der Treffpunkt zweier böser Verschwörer, die einen Bombenanschlag planen, bei dem ein überfüllter Stadtbus zerstört und ein kleiner Junge getötet werden.

89 »On Style«, in: Gottlieb, *Hitchcock on Hitchcock*, S. 294.

90 *Inside Hitchcock* (1973) aus der Serie *The Men Who Made the Movies*, produziert von The American Cinematheque, HPI Home Video.

91 Counts, »The Making of *The Birds*«, S. 33.

92 Ebenda, S. 26.

93 »Inside Hitchcock« (Video).

94 Siehe Spoto, *The Dark Side of Genius*, S. 468–476.

95 Die Gerüchte begannen wahrscheinlich 1983 und wurden durch ungenaue Rezensionen von Donald Spotos hervorragender Biografie *The Dark Side of Genius* ausgelöst. Seine kurze Zusammenfassung des Zwischenfalls mit der Puppe (S. 467 f.) weicht ein wenig von dem ab, was mir Tippi Hedren darüber erzählte.

96 Spoto, *The Dark Side of Genius*, S. 452 f. Hunter behauptet, der Name Melanie für die Hauptfigur stamme von ihm, während Hitchcock sie nur »The Girl« genannt habe. Wie gewöhnlich vermeidet Hunter jede Verbindung zu Tippi Hedren, der er die ursprünglich kühle Beurteilung von *Die Vögel* und *Marnie* durch die Kritiker anlastet. Kaum drei Wochen lagen zwischen dem Zeitpunkt, an dem er die Arbeit am Drehbuch für *Die Vögel* aufnahm, und Hedrens erstem Vorstellungsgespräch, und während dieser Zeit entwickelte Hitchcock selbst den Charakter der Hauptfigur Melanie, so dass sich keine eindeutige Antwort auf diese Frage finden lässt. Die Vermutung, dass Hunters Erinnerungen nicht immer akkurat sind, wird auch durch seine Bemerkung über Daphne du Mauriers Kurzgeschichte gestützt: »Darin findet sich nicht eine einzige Dialogzeile.« Tatsächlich ist du Mauriers Short Story voll von Dialogen. Vgl. Hunter, *Me and Hitch*, S. 23, 12, 10.

97 Tippi Hedren mit Theodore Taylor, *The Cats of Shambala: The Extraordinary Story of Life with the Big Cats*, New York 1985. Ich war verblüfft, als ich durch die TV-Show *Lifestyles of the Rich and Famous* (Dezember 1987) von Hedrens Shambala erfuhr. Leider wurde der Schwarz-Weiß-Werbespot, durch den Hitchcock zuerst auf Hedren aufmerksam wurde, 1978 bei einem katastrophalen Wassereinbruch im Tierreservat vernichtet.

98 Truffaut, *Hitchcock*, S. 98 f.